Zur Geschichte jüdischer Familien.

I.

Samson Wertheimer,

der Oberhoffactor und Landesrabbiner,

(1658—1724)

und seine Kinder.

Von

Prof. Dr. David Kaufmann.

————— ⇥⇤ —————

Wien,
Friedrich Beck
Augustinerstraße 8.
1888.

Samson Wertheimer,

der Oberhoffactor und Landesrabbiner,

(1658—1724)

und seine Kinder.

Von

Prof. Dr. David Kaufmann.

———————»✲«———————

.

Wien,
Friedrich Beck
Augustinerstraße 8.
1888.

Zum siebzigsten Geburtstage

meines Schwiegervaters,

des Herrn Sigmund Gomperz in Budapest,

(4. Juni 1887)

unternommen.

Vorwort.

Man braucht nicht mit den Griechen in die Unterwelt hinab-
zusteigen, um den Strom des Vergessens fluthen zu sehen; wer
seiner Wirkungen inne werden will, hat auf Erden nur drei Geschlechter weit in die Vergangenheit zurückzugehen. Wäre die Schrift
nicht erfunden, die Geschichte eines Zeitalters sänke mit seinen
Enkeln in's Grab; in der vierten Generation ist der Urgroßvater
so gründlich vergessen, als hätte er nie gelebt. Wie Penelope zer-
trennt die Menschheit heute mit eigener Hand, was sie gestern gewebt
hat. Der Geschichtschreiber aber, der vor die Aufgabe gestellt ist,
dieses Gewebe der Vergangenheit, „der Gottheit lebendiges Kleid",
wieder herzustellen, hat gar oft die Empfindung, als sollte er einen
farbenprächtigen Teppich weben aus den Fasern, in die er zerfallen:
aller Ecken und Enden reißt der Faden, die Zeichnung ist erblindet,
die Farbe ist erloschen.

Aber wie sehr auch die Zeiten selbst der jüngsten, noch nahe
hinter uns liegenden Vergangenheit uns ein Buch mit sieben Siegeln
sind, das Verlangen, hinter ihr Geheimniß zu bringen, den Kampf
mit der Alles bezwingenden Macht des Vergessens aufzunehmen, ist
unaufhaltsam, ein eingeborener Trieb der Menschenbrust. Zwar
arbeitet im Dienste der Vergessenheit das Naturgesetz, im Dienste
der Erinnerung nur der Zufall, aber gleichwohl ringt die Neugier der
Nachgeborenen mit der Verschwiegenheit der Vorfahren nicht aus-
sichtslos und vergeblich um den Hort der Vergangenheit. Den
finsteren Mächten des Verwesens und des Erlöschens wirken die

lichten, erweckenden und belebenden Kräfte des Wissensdurstes und
der erhaltenden Erinnerung entgegen; aller redlichen Arbeit im
Dienste der Geschichte eignet Etwas von der Unwiderstehlichkeit des
Auferstehungsrufs.

Diesen Glauben an die Kraft des Erweckens in aller geschicht-
lichen Arbeit vermag ganz besonders die Familiengeschichte zu verleihen. Hier steht der Forscher der verheerenden Macht des Vergessens gleichsam leibhaftig gegenüber. Die Erwartungen, die er an
das Interesse der Nachfahren geknüpft, täuschen ihn, sonst die stärksten
aller Bundesgenossen, die Schwächen der Menschen, versagen den
Dienst; die Ahnen sind dem Enkel unbekannt, das Erbe der Vergangenheit ist geliefert, nicht überliefert. Aber hier ist wirklich
einmal stärker als der Tod die Liebe; der unerschrockenen Hingebung
im Errathen und Erforschen erschließen sich die Pforten, die den
Zugang zum Todtenreiche der Vergangenheit wehren. Verwehte
Spuren eröffnen den Weg, verschollene Winke zeigen die Richtung,
in der Friedhofsstille wird es lebendig wie von verwehten Tönen,
zersprengte Trümmer sammeln sich, auseinandergefallene Glieder
finden sich zusammen — die Erde giebt ihre Schatten wieder.

Ich habe nur Zug um Zug die Eindrücke wiedergegeben, welche
die Entstehung der Arbeit in mir selber begleitet haben, deren ersten
Theil ich hier vorlege. Als ich die Frage in's Auge faßte, ob es
etwa möglich wäre, die Geschichte einer jüdischen Familie zu schreiben,
da starrte der Blick in's Leere; der freudige Glaube an die belebende
Kraft der Geschichtsforschung, die sieghafte Überzeugung, daß es ein
Überwinden der Vergessenheit giebt, betrachte ich als die beste Frucht
meiner Bemühungen. Was ich auf einem kleinen Raume unter-
nommen habe, das muß auf der vollen Ackerbreite der jüdischen
Geschichte geleistet werden, die geraume Zeiten hindurch in mehr als
Einem Betracht als Familiengeschichte gelten kann. Wenn der
Gang, den so manches Geschlecht in ihr genommen hat, wie der
Lauf eines Goldfadens in einem Gewebe erkannt und festgehalten

sein wird, dann ist gegründetere Aussicht als bisher vorhanden, daß wir das Gewebe der Vergangenheit schauen werden, wie es einst vom „sausenden Webstuhl der Zeit" sich abgelöst hat.

Mein Ziel war die Geschichte der Familie Gomperz. Die Lebensbeschreibung Samson Wertheimers und seiner Kinder, die ich hier gesondert ausgehen lasse, sollte ursprünglich diesem Buche einverleibt werden, da verwandtschaftliche Beziehungen zwischen diesen beiden Familien hinüber- und herübergreifen. Die Fülle des Stoffes, dessen vorher ungeahntes Anschwellen mein süßester Lohn war, drängte zu selbstständiger Bearbeitung. Wohl erwies sich die vielfach verbreitete Behauptung, daß im K. K. Geheimen Haus-, Hof- und Staatsarchiv in Wien ein besonderes Bündel Urkunden über Samson Wertheimer geheim gehütet werde, als Fabel, aber Archivalien und handschriftliche Funde der verschiedensten Art halfen bald das Bild des merkwürdigen Mannes feststellen, den Alle nannten und Keiner kannte. Und dabei fehlte es mir an der sonst ergiebigsten Quelle zur Kennzeichnung der vollen Persönlichkeit, an Briefschaften, deren man doch bei einem Manne, der so sehr im Vordergrunde der Geschichte seiner Glaubensgenossen gestanden, die Fülle erwarten sollte. Aber so viel Stoff zu Wertheimers Lebensgeschichte auch noch an den Tag kommen wird, es kam mir jetzt schon darauf an, den Gewinn zu zeigen, den die jüdische Geschichte aus der Verbindung aufmerksamer Benutzung der Archive und sorgfältiger Durchforschung der Litteratur noch zu erwarten hat.

Sollte es mir vergönnt sein, diese Schrift noch einmal ausgehen zu lassen, bei der Nachfrage, die jüdischem Schriftthum zu Theil wird, eine verwegene Muthmaßung freilich, dann hoffe ich, in das weitmaschige Netz, in das ich Wertheimers Bild in Umrissen eingezeichnet habe, sorgfältigere Schraffen und bestimmtere Töne eintragen zu können.

Ostende, 24. Juli 1888.

David Kaufmann.

Von den Begründern der neuen Wiener jüdischen Gemeinde, die bald nach der Vertreibung der Juden aus Wien gleichsam auf der Lava von 1670 sich anzubauen wagten, hat Keiner seinem Namen eine probehaltigere Unsterblichkeit gesichert, Keiner sich lebendiger im Gedächtnisse seiner Glaubensgenossen zu erhalten vermocht, als Samson Wertheim, genannt Wertheimer oder Wertheimber. Mit dem um fast ein Menschenalter, genau um 28 Jahre älteren Samuel Oppenheim, genannt Oppenheimer oder Oppenheimber aus Heidelberg soll[1] er 1677 von draußen im Reich, aus Worms nach Wien gekommen sein, um fortan seine Kräfte und Fähigkeiten in den Dienst Österreichs und des Habsburgischen Kaiserhauses zu stellen.

Er scheint Anfangs auf Grund eines Schutzbriefes seiner Familie[2]

---

[1] Nur mit den Zeugnissen eines gesitteten und ruhigen Betragens, wurden Samuel Oppenheim und Samson Wertheimer, vermöge Kammerpässen, im Jahre 1677 als Faktoren und Hofjuden auf unbestimmte Jahre angenommen, heißt es ohne Quellenangabe in der Geschichte der Israeliten in Wien „Sulamith" IV, 2, 237.

[2] In den zwei Abschriften des Wertheimberschen Privilegiums Leopold I. vom 29. August 1703, die das königl. ungarische Landesarchiv unter Benignae Resolutiones — im Folgenden stets mit Ben. Res. bezeichnet — vom 6. Mai 1716 und 9. September 1719 bewahrt, wird in Zahlen und Worten übereinstimmend dieses Schutzprivilegiums vom 1. Juni 1663 gedacht. Nach G. Wolf in „Neuzeit" Jahrgang IV (1864) S. 36, Note, gehört Wertheimer zur Familie Samuels zum Straußen aus Frankfurt am Main. Das Privilegium derselben, das Ferdinand II. zu Regensburg am 13. August 1630 erneuert und erweitert, stammte von Matthias; s. G. Wolf, „Ferdinand II. und die Juden" S. 51 ff.

vom 1. Juni 1663 geduldet worden zu sein. Am Himmel der Wiener Judenschaft war er neben Oppenheimer das kleinere Licht. Wenn dieser erst 1683 in lebhaftere geschäftliche Verbindung mit dem Staate Österreich trat[1]), so rühren Wertheimers selbstständige Beziehungen zu demselben wohl erst von 1686 her[2]), wiewohl beide leicht bereits von Deutschland aus den Behörden durch Lieferungen mögen bekannt gewesen und in Folge derselben sogar nach Wien dürften gezogen worden sein.

Auf Wertheimers Grabstein[3]) ist Sonntag, der 25. Kislew 5445, d. i. der 2. December 1684 als der Tag bezeichnet, an dem er zu dauerndem Aufenthalte Wien zuerst betrat. Mit Recht wird er neben seinem Geburts- und Todestage als der schicksalsvollste seines Lebens hervorgehoben und allein verzeichnet.

Von bescheidenen Anfängen aus scheint Oppenheimer nur all-mählich zu größeren, kühneren Unternehmungen sich erhoben und durch Anknüpfung ausgebreiteter Verbindungen und ein beispielloses Wachsthum seines Credits und Vertrauens sich zu der Bedeutung einer wahren Finanzmacht und eines der ersten deutschen Handlungs-häuser emporgeschwungen zu haben. Am 26. Juli 1687 bezeichnet ihn das damalige Finanzministerium Österreichs, die Hofkammer, noch als einen in Wien sich aufhaltenden Juden[4]), mit dem eine Lieferung auf 300 Ochsen abgeschlossen worden war. Am 4. Februar 1688 bewirbt er sich nach einer Zuschrift der Hofkammer an die ungarische Kammer zu Preßburg um die Münze in dieser Stadt; hier heißt er noch, offenbar ein Beweis seines noch nicht entwickelten

---

[1]) Am 15. September 1709 fordert Kaiser Josef I. die ungarische Kammer auf, alle seit 1683 an Oppenheimer geleisteten Zahlungen zu specificiren (Ben. Res. d. d.).

[2]) Leopold I. gedenkt 1703 der 17 jährigen Dienste Wertheimers.

[3]) In S. G. Sterns Copie heißt es richtig statt חלך des Abdrucks in L. A. Frankl, „Inschriften des alten jüdischen Friedhofes in Wien" Nr. 346, S. 58: ובא לכאן וריו יום א׳ כ׳׳ח בכסליו יומ׳׳ח ל׳.

[4]) Judaeo cuidam hîc existenti, Samueli Oppenhaimber (Ben. Res. d. d.).

Anſehens, ein Jude aus Heidelberg[1]). Aber bald ſehen wir ihn in
der Noth der Zeiten, die an Öſterreich herantrat, mächtig die
Schwingen entfalten; mit den wachſenden Bedürfniſſen der auf zwei
Kriegsſchauplätzen, am Rhein und in Ungarn, operirenden kaiſerlichen
Armee wuchs auch ſein Unternehmungsgeiſt, bis er faſt alle Lieferungen

---

[1]) Judaeus Haidelbergensis Samuel Oppenhaimber a. a. O. Auch in
dem Contract, den die Feld-Proviant-Amts-Adminiſtration am 15. April 1689
auf Wagen und Pferde mit ihm abſchließt, nennt ſie ihn Samuel Oppenheimber
Juden von Heydlberg; ſ. „Feldzüge des Prinzen Eugen von Savoyen“, I. Ser.,
I. Bd. S. 262. Unter ſeinen Glaubensgenoſſen ſcheint er Samuel Heidelberg
ſchlechthin geheißen zu haben. שמואל היידלבורג nennen ihn z. B. Iſak Schulhof
(ſ. Kobaks „Jeſchurun“ 6, 136) und die Zuſätze zum deutſchen צמח דוד (Frankfurt a. M. 1698), in denen nach J. J. Schudt, „jüdiſche Merckwürdigkeiten“
I, 429 „von deſſen ungemein groſſen Lob und vornehmen Herkommen ein langes
und breites daher gemacht wird.“ S. Wiener in המגיד V, 38 und „Ben
Chananja“ VIII, 106. In der 1682 errichteten deutſchen Synagoge in Padua,
deren Bau er aus ſeinen Mitteln förderte (ſ. Ghirondi תולדות גדולי ישראל
S. 156), ward ihm ein ewiges Seelengedächtniß geſtiftet; er heißt daſelbſt, wie
mir Rabb. Prof. E. Lolli mittheilt: מעה״ח ר׳ שמואל אופנהיים. Bereits vor
1685 trug er als kaiſerlicher Factor den Degen und brang dem Rathe von Ulm
gegenüber auf ſchriftliche Beſcheide ſ. Preſſel, Geſchichte der Juden in Ulm S. 21.
Paulus Chriſtiani, der den 21. Pſalm auf den Eiſenmengerſchen Prozeß
und die Betheiligung der „glorwürdigſten Königl. Majeſtät von Preuſſen“ und
der ihr entgegenarbeitenden Juden deutet, rechnet den Untergang des jüdiſchen
Hauptvertreters aus den Schlußworten des zehnten Verſes heraus, indem der
Zahlenwerth von ותאכלם אש = 798 dem von לשמואל היידילבערג gleich-
komme; ſ. Schudt a. a. O. 428. Samuel und ſeine Söhne Emanuel und Wolf
preiſt bereits 1691 Joſef Iſachar im Vorwort zu שלשה שריגים (Fürth 1691)
als Mäcene: ואפרירון נמטי לחקצין המפורסם טרונת הבושם המדיב הגדול כל
נדיבתו יקום כל כושל מקים חזקן ונשוא פנים כש״ת חר״ר שמואל אופנהיים שי׳
ובניו הקצינים המפורסמ׳ נדיבי עם במשטותם אשר שם האחד המיוחד מוקיר
ורחים רבנן פ״ו כש״ת חר״ר מענזיל גבאי דא״י ודתבודתא קדישתא יצ״ו ואחיו
השני בדומה לו כבור ישכון מזבילו בעל הבית שלי החסיד וחצניו בכל ענייניו פ״ו
שי׳ .וגבאי דא״י כש״ת חר״ר שמעון וואלף שי׳ Im Hauſe ſeines Onkels Samuel in
Wien approbirte R. David Oppenheim 1691 dieſes Buch des nach Paläſtina
auswandernden Rabbiners von Kremſier, 1701 Simeon Wolf Pintſchow's כבוד
חכמים (Hamburg 1703), wo er Samuel שושנת עמקים חבצלת חשרון nennt.

für das Heer in seiner Hand vereinigte, für Proviant, Munition, Montirung und Remontirung der Truppen so recht die Vorsehung Österreichs.

Wertheimer war von Anfang an als stiller oder auch erklärter Theilhaber bei den Lieferungen thätig. Da Oppenheimer und seine Söhne Emanuel und Wolfgang häufig in Geschäften nach dem Reiche verreisen mußten, scheint Wertheimer als Vertreter und Generalbevollmächtigter des Hauses in Wien zurückgelassen und der Regierung gegenüber eingesetzt worden zu sein. In dieser Eigen-schaft[1]) fordert er am 30. August 1689 von der Hoftammer Assistenz gegen die Tyrnauer Contrahenten, die trotz der ihnen vorgestreckten Summen ihren Lieferungsverträgen nicht nachkommen. Es war ein schweres, sorgenvolles und verantwortungsreiches Amt, das Wertheimer da übernahm. Nach oben hin der Armeeleitung gegenüber mit Gut und Blut für die pünktliche Einhaltung der Verträge bürgend, täglich von der Hoftammer, dem Kriegsrath und dem General-Kriegs-Commissariatsamte gedrängt, war er zugleich nach unten hin in steter Abhängigkeit von seinen Lieferanten, gegen die er den Schutz und Zwang der Behörden anzurufen nicht müde wird. Am 14. Oktober 1689 erscheint er für Oppenheimer[2]) als Bittsteller vor der „Hinterlassenen Hoftammer" zu Wien, um durch diese bei der ungarischen Kammer in Preßburg es zu erwirken, daß Mose von Donauwörth und Koppel von Hollitsch, beide zu Preßburg wohnhaft, endlich zur Einhaltung ihrer Verträge verhalten werden, da der Termin zur Ablieferung der von ihnen übernommenen 10,000 Centner Kleienmehl bereits vor vier Monaten verstrichen war; ihr Vertrag mit Oppenheimer war am 27. Januar d. J. geschlossen worden. Ebenso sei dem Lazarus Hörschel[3]) von Pösing, der

---

[1]) Opp. factoris Suae Caesareae Mättis hic Viennae relictus Sub-stitutus et Plenipotentiarius. (Ben. Res. d. d.)

[2]) Simson Wertheimber Judaeus, veluti Samuelis Oppenheimber Factoris et Liferantis Suae Mättis hic Viennae relictus Substitutus .. vigore praefati Sui Principalis (Ben. Res. d. d.).

[3]) „Hirschl dem Juden" wird am 13. Mai 1690 (Ben. Res.) von der Hoftammer die Erlaubniß der Proviantzufuhr nach Belgrad erwirkt und die übliche

ebenfalls mit Oppenheimer in Vertrag stehe, Assistenz gegen seine säumigen und wortbrüchigen Contrahenten zu gewähren. Am 22. Dezember 1689 verlangt er die Rückerstattung des ihm zu Preßburg für 303 Stück Ochsen abgeforderten Aufschlages von 2¼ fl. für

Zollfreiheit gesichert. Es ist wohl derselbe Lazarus Hirschl, der mit Simon Michael und Herz Lehmann, wie die Hoskammer am 12. Mai 1703 an die ungarische Kammer unter Beischließung des Originalgesuches schreibt (Ben. Res.), in Preßburg eine „werelstuben" aufrichten will, u. z. in der Stadt selbst, da sie in der Vorstadt nicht sicher wären. Ungarn, so erklären die Bittsteller, das jetzt den Türken entrissen sei, bedürfe solch eines Geldinstitutes ganz besonders, da es „dannoch so lange Jahre hero der rechten mercantil- und Cambial Correspondenz mit denen in Teutsch- und anderen landen gelegenen vornehmen handlstätten und Plätzen ermangelt hat." Es „würde mehreres gelt in daß landt gezogen", so daß man dann in Ungarn ebenso leicht Capitalien aufbringen könnte als in Breslau, Prag und anderen Orten. Auch würde dann das Geld im Lande durch Wechsel leichter curfiren, „gestalten man jetzt die größte gefahr außstehen muß, einiges gelt in natura hin- und her zu bringen." Lazarus Hirschl erscheint später als selbstständiger Lieferant, der den Haupttheil der Verpflegung aller kaiserlichen Truppen in Italien, Ungarn und Siebenbürgen für das Kriegsjahr 1709 übernommen; s. „Feldzüge" XI, 44. Auch ist er wohl derselbe Hirschl, der 1708 einen Vorschuß von 88,200 fl. auf die erbländischen Contributionen leistet; s. a. a. O. X, 56 Anm. 3. Zum Münzlieferanten in Breslau war er bereits 1704 ernannt worden. Mit seinem Gesellschafter Simon Michel erhielt er 1705 von Josef I. ein Privilegium für Wien; s. G. Wolf, „Geschichte der Juden in Wien" S. 56 f., 61. Nach S. G. Stern's Copie der Wiener Grabschriften starb der um die Juden Oesterreichs und Ungarns hochverdiente Simon Michael aus Preßburg Montag den 10. April 1719 (פסח תע״ט). Die Grabschrift der (ersten?) Gattin Lazar Pösings s. „Inschriften" Nr. 586. Nach einer bei Frankl übergangenen Grabschrift starb Lazar Pösing Sonntag den 7. September 1710 (נגבר ליל ח״ב אלול תת״ה nach S. G. Stern's Copie). Sein Vater war wohl jener חרדש לאזלב aus Stampfen, der im Verein mit Samuel Oppenheimer den Kriegsgefangenen Isak Schulhof, nachmals Rabbinatsassessor in Prag (s. seine Approbation zu מרח לבנין und Gastfreund, „die Wiener Rabbinen" S. 63), 1686 loskaufte (Jeschurun a. a. O.). Ueber Oppenheimer's Verdienste um die Ofener Gefangenen s. auch J. Maurer, „Cardinal Leopold Graf Kollonitsch" S. 205. — Nach Aufzeichnungen in S. Hock's Nachlasse starb Schulhof am 3. Schebat 493 [= 1733] in Prag. — Vgl. auch [König] „Annalen" 95 Anm. 65.

das Paar, da er diese für den Kriegscommissarius Caraffa [1] „ver=
silbert" und „auch im geringsten kein avantage dabey habe"; die
Gelder brauche er „bey so thanen Rahren Zeiten zu Beförderung
Ihrer Kayl. Mayt. Diensten". Er unterschreibt das Gesuch „Simson
Wertheimber Jud des Oppenheimbers Kayl. factors bestelter".

Die außerordentliche Energie und Lebenskraft des jüdischen
Stammes erscheint in diesen Männern wie in einem Brennpunkte
gesammelt. Nicht leicht kann die Widerstandsfähigkeit überschätzt
werden, die ein Jude in jener Zeit aufwenden mußte, um in einer
öffentlichen Stellung sich zu erhalten und zu behaupten. Zur Ver-
antwortlichkeit nach oben hin, zur Abhängigkeit nach unten gesellten
sich die Plackereien der kleinen Behörden, gegen die denn auch un=
abläßig der Schutz der Hofkammer angerufen werden mußte. Die
oberungarischen Ämter scheinen besonders es nicht haben ertragen zu
können, Juden in kaiserlichen Diensten und im Genusse von Schutz=
privilegien und Zollfreiheiten bei den Mauthen und Dreißigstämtern
frei passiren lassen zu müssen. So beschwert sich am 27. April 1689
die Hofkammer bei der ungarischen Kammer in Preßburg darüber [2],
daß die Freipässe der Oppenheimerischen Bestellten nicht respectirt
und seine Leute in Preßburg molestirt werden. Am 31. Oktober
1691 wird die „Frechheit" des Neusiedler Dreißigstamtes hart ge=
rügt, das bei einer Heulieferung Oppenheimers für die kaiserlichen
Stallungen die Freipässe mißachtet habe, und den Ämtern überhaupt
auf das Strengste verboten, dem zu Nutze und Frommen des Kaisers
thätigen Oppenheimber [3] hinderlich und lästig zu werden. Am
6. November 1691 [4] werden die Steuern zurückverlangt, die von der
Preßburger Stadtmauth dem Samuel Oppenheimer für Victualien
abgefordert worden waren, da diese für das Feldspital der kurfürstlich
sächsischen, nunmehr königl. polnischen Armee geliefert wurden; in der
Folge seien die Freipässe strenge zu respectiren. Am 14. Mai 1692

---

[1] Vgl. den Auszug aus der Instruction für den General-Kriegscommissär
Feldmarschall von Caraffa vom 19. Juli 1689 „Feldzüge" I, 681 ff.

[2] Ben. Res. d. d.

[3] qui pro commodo et utilitate Caesarea negotia gerit (Ben. Res.).

[4] Ebendas.

befürwortet die Hofkammer ein Gesuch Oppenheimers, auf dem er als „Königl. factor und Jude"[1] unterschrieben ist: Der Magistrat von Preßburg möge seinem Vetter Wolff Oppenheimber und dessen Leuten, die bei der Proviant= und Munitionslieferung daselbst „ohnumbgänglich" nöthig seien, die an der Donau in der Vorstadt befindlichen Häuser „ohne difficultet" einräumen. Gleichwohl muß noch am 7. November 1695[2] die Hofkammer neuerdings für Oppenheimers Leute in Preßburg Schutz verlangen und die un= nachsichtige Bestrafung eines Michael Stainer beantragen, der Wolfgang Oppenheimber beschimpft und geschlagen habe.

Im Lieferungsgeschäfte an der Seite und als Stellvertreter Oppenheimers thätig, scheint Samson Wertheimer an Finanzunter= nehmungen und staatlichen Creditoperationen früh selbstständig theil= genommen zu haben. Seit 1686 mit dem Hofe in geschäftlicher Verbindung und bald wohl auch unmittelbar das Vertrauen Kaiser Leopolds genießend, bleibt er fortan der vielverwendete, stets be= währte Helfer in Finanznöthen, ein verborgenes, geräuschloses, aber rastlos arbeitendes Rad der österreichischen Staatsmaschine. Durch weltmännische Gewandtheit, scharfe Auffassung und hohe natürliche Begabung ausgezeichnet, durch frühen und häufigen Umgang mit den Großen der Erde in einer für einen Juden jener Tage erstaun= lichen Art gesellschaftlich gebildet und fast staatsmännisch geschult, wurde er zu Missionen herangezogen, die zu ihrer glücklichen Er= füllung alle diese Gaben erforderten. Ein Kaufmann und ein Diplomat, schwang er sich bald zu einem persönlichen Vertrauens= manne der Krone empor. Schon 1692 wird ihm im Verein mit Liepmann Cohen, genannt Leffmann Berens, von Hannover ein Einfluß auf die Errichtung einer neunten Churwürde[3] für Herzog

---

[1] Ebendas.

[2] Ebendas.

[3] Wiener in Frankels „Monatsschrift für Geschichte und Wissenschaft des Judenthums" XIII, 166. Eine Randglosse in Wieners Handexemplar bemerkt, wie mir Herr Rabbiner Dr. Gronemann in Hannover mittheilt, zu dieser Stelle: „Möglich, daß, wie in der Familie erzählt wird, R. Liepman mit in Wien war, als Otto Grote am 9./19. Dezember 1692 für Ernst August den Kurhut vom

Ernst August von Braunschweig-Lüneburg zugeschrieben. Gern verlängerte der Kaiser am 28. Mai 1695 sein und der Seinen Schutzprivilegium [1] auf weitere zwanzig Jahre.

Aus jener Zeit mag das Bild [2] stammen, das der Sitzungssaal der Wiener jüdischen Gemeinde von ihm bewahrt. Es stellt Wertheimer in seiner Jugend dar. Er hat braunes Haar, ein frisches Aussehen, eine hohe Stirn, große Augen, starke Augenbrauen, volle rothe Lippen, spärlichen Schnurrbart und vollen Kinnbart, trägt zwei Bäffchen, hält in der einen Hand eine Feder und in der andern einen Brief. Das Bild zeigt einen Mann, in welchem Lebensfrische, Judenthum und Vornehmheit sich vereinigen, und verräth keine Spur von der Abgeschlossenheit des Ghetto und einem gedrückten Wesen. Wer das Bild sieht, empfängt den Eindruck eines Mannes, der seiner Würde, seiner socialen Stellung und seiner einflußreichen Bedeutung sich bewußt ist.

Von den zwei Bedingungen, die damals einem Juden innerhalb seiner Glaubensgenossenschaft Ansehen verliehen: Vermögen und jüdisches Wissen, erfüllte Samuel Oppenheimer in hervorragender Weise nur eine [3], Samson Wertheimer aber beide. Wenn es den Gedrückten und Verachteten eine wohlthuende Erscheinung war, einen Bruder von der Sonne der kaiserlichen Gnade beglänzt zu sehen,

---

Kaiser empfing. Havemann [„Geschichte der Lande Braunschweig und Lüneburg"] III, 336 erzählt nichts davon." Über Otto Grote vgl. „Allgemeine Deutsche Biographie" 9, 761. Vgl. „Feldzüge" III, 9 ff.

[1] S. das Privilegium Leopold I. vom 29. August 1703.

[2] Nach einer Mittheilung L. A. Frankls, die ich ebenso wie die hier wörtlich wiedergegebene Schilderung des Bildes Herrn Dr. Adolf Jellinek verdanke, stammt dasselbe aus dem Besitze eines Verwandten Wertheimers in München.

[3] Dies geht deutlich genug aus seiner Grabschrift „Inschriften" Nr. 323, — Z. 8 l. nach S. G. Sterns Copie ולמחסה, Z. 11 למדיניות, Z. 14—17 fehlt die Hervorhebung des Akrostichons: שמואל אשכינדרים, Z. 14 l. יבדח, ויתקוננו, Z. 15 אללי, Z. 17 יבידו נגדי — aus den sonst keineswegs sparsamen Lobeserhebungen in den Zusätzen zum deutschen דוד צמח und z. B. auch aus den Titulaturen hervor, die ihm Mose b. Menachem aus Prag ויקרתל משה (Dessau 1699) f. 5ᵈ und Abraham b. Jehuda b. Nisan בית יהודה (Dessau 1698) in ihren Vorreden zutheilen.

so mußte sie vollends das Bewußtsein entzücken, daß es ein rabbinisch gelehrter Mann war, der zu so wohlverdienter Höhe emporgestiegen. Sie hatten keine Ehren anzubieten, keine Auszeichnungen zu verleihen; aber die einzige Würde, über die sie frei verfügen konnten, scheinen sie Wertheimer früh übertragen zu haben: die ungarischen Juden ertheilen ihm das Recht, sich ihren Landesrabbiner [1] nennen und schreiben zu dürfen. Seine rabbinische Gelehrsamkeit blieb auch bei Hofe nicht unbekannt. In dem Hofdekrete [2] vom 24. Dezember 1696, mit dem ihm ruhige Stättigkeit und freie Übung aller jüdischen Ceremonieen zugesichert wird, setzt ihn der Kaiser auch zum privilegirten Rabbiner der Juden in seinen Erbkönigreichen und Landen ein. Bald darauf dürfte ihn auch die Gemeinde Prag [3] mit ihrem Titularrabbinate geehrt haben, wozu auch der Titel eines Landesrabbiners von Böhmen hinzukam. Daß sein Ruf selbst bis Palästina gedrungen, beweist die Verleihung des harmlosen Titels eines Fürsten des heiligen Landes [4], der ihm zuweilen beigelegt wird. Die Er=

---

[1] אב״ד דמדינת הגר heißt er auf der Approbation zu ויקהל משה und am Schluße des Vorworts zu לחרב חמופלא ומופלג אב״ד חמפורסם מוהר״ר: בית יהודה שמשון נר״ו אשר איתן מושבו בדיר מלוכה וויב״א וצוודתו פרוסה כל מדינות הגר.

[2] S. das Privilegium Leopolds vom 29. August 1703.

[3] Mose b. Menachem aus Prag fügt seinem Titel auf der Approbation zu ויקהל משה hinzu: ולכ״ץ נתקבל לאב״ד דק״ק פראג ומדינת פיהם und bemerkt in der zweiten Vorrede ib. f. 5ᵈ: ונגדל כבודו דרתת ונתקבל לאב״ד דק״ק פראג ומדינ׳ פיהם. Nach den Worten über seiner Approbation zur Alfäsi-Ausgabe Frankfurt a. M. 1699—1700 war Wertheimer zu bescheiden, die ernste Berufung anzunehmen: הסכמת הגאון המופלג המפורסם אב״ד ור״מ במדינת הגר ונתקבל לאב״ד בק״ק פראג ומרוב ענוותנותו לא רצה לקבל ומקהוב נתקבל לאב״ד ור״מ בק״ק ווירמש במהור״ר שמשון נר״ו יודע ונשוא פנים עליו נאמרה תורה וגדולה במקום אחד. Vgl. Zipser in „Orient" 7 L.=Bl. 89 und B[aumgarten] in „Wiener Blätter" 1851 Nr. 42.

[4] Juda Löb, der Sohn Ahron Teomims nennt ihn im Vorwort zu בגדי כ״ש מהור״ר שמשון ויערשהדים נר״ו אב״ד מוירינא (Frankfurt a. M. 1710): אהרן נשיא דארץ א״י משיא heißt er auf der Grabschrift seiner Enkelin „Inschriften" Nr. 533 = 697. Auf seinem Grabe (ebendas. Nr. 346 S. 59) erzählt die Inschrift: גם ק״ק חברון וצפת תוב״ב · · · ומצודתו פרוסה בקהילת, was in seinem Seelengedächtnisse wiederholt wird; s. Jellinek, „Worms und Wien" S. 11.

nennung zum Fürsten von Safed sollte Wertheimer in feierlicher Bot=
schaft mitgetheilt werden, der durch die Person des Überbringers, den
an Gelehrsamkeit und Abstammung gleich hervorragenden R. Isserl
Sohn Meïr's [1]), besonderer Glanz verliehen wurde. Unter den Ge=
meinden im Reich war es die älteste, die seiner Heimathstadt Worms [2]),
die nicht säumte, Wertheimer zu ihrem Ehrenrabbiner zu ernennen.
Auch Krakau [3]), der Stammsitz berühmter Rabbiner, soll ihm die
gleiche Auszeichnung verliehen haben.

Bald erschien die Gelegenheit, bei der sich der Mann und sein
Einfluß erproben sollte; was er bei Hofe galt, was er für seine
Glaubensgemeinschaft bedeutete, ward hier auf einmal offenbar.
Das Jahrhundert sollte für die deutschen Juden nicht zu Ende
gehen, ohne mit Unruhe und Bangen die Gemüther zu erfüllen.
Eben war eine schwere Gefahr von ihnen abgewendet, ein Brand

---

[1]) Dies berichtet der Bruder des Abgesandten, Samuel, Sohn des R. Elja=
kim Goetz, im Vorwort zu seines Vaters רפרוני בתפורים (Berlin 1712) f. 4 a:
בה ששמצתי מפי אחי הגדול המופלג החכם חבולל תתורני הרב מחו׳׳דר איסרל
נר׳׳ו אחד מחכמי ק׳׳ק צפת תוב׳׳ב כשהיה משולח לק׳׳ק ווין אחר הגאון המפורסם
מהר׳׳דר שמשון מק׳׳ק ווינא שנתקבל לנשיא בק׳׳ק צפת.

[2]) Der Sammler der Responsen Gerson Aschkenasi's betitelt Wertheimer im
Vorworte zu ומחור׳׳ר שמשון ובערבוהירם (Frankfurt a. M. 1699): עבודת הגרשוני
אב׳׳ד ור׳׳מ במדינות הגר ומצורתהו פרוסה בק׳׳ק פראג ובק׳׳ק ווירמייזא. Wie mich
Herr Elias Ullmann, der sich auch auf das Zeugniß des Herrn Rabbiners
Dr. M. Horovitz und des Herrn Rafael Kirchheim beruft, zu erklären er=
mächtigt, ist entgegen der „Mittheilung des Herrn Aron Fuld" bei L. A. Frankl,
„Inschriften" s. XVII, daß sich Wertheimer „gegen ein Geschenk von 1000 Gulden
um das Rabbinerdiplom von Frankfurt" beworben habe, in Frankfurt a. M.
von einem solchen Briefe oder Gesuche „auch nicht das Mindeste bekannt geworden".
Nur in Polen kam es vor, daß der Rabbiner für seine Wahl der Gemeinde Geld=
geschenke machen mußte; s. Perles, „Geschichte der Juden in Posen" S. 74.

[3]) Juda Perez berichtet dies vor 1712 im Vorwort zu פרח לבנון:
אחד המיוחדו ראשון שבקדושה אבן הראשה ח׳׳ה חגאון המפורסם תיקא ונרוזיקא
לאורייתא חשתרלן הגדול עמד במרי מחזיק ברק אשר עינו כל ישראל צופים עלוי
דמטלה לבי קיסר רו׳׳ח אב׳׳ד דק׳׳ק פראג וכל מדינו׳ הוגר ונשיא בגליל עליון צפ׳׳ת
תוב׳׳ב עם גולו׳ עלחה וגולות תתתריות ול׳׳ץ נתקבל לאב׳׳ד ור׳׳מ דק׳׳ק קראקא
חבירת.

erstickt worden, der leicht die jüdischen Ansiedelungen in allen deutschen Gauen hätte einäschern können. Im Stifte Bamberg, in „etlich und dreißig" Ortschaften des ganzen fränkischen Kreises[1]) war 1699 ein zusammengerottetes Gesindel plündernd und sengend in die Wohnungen der Juden eingebrochen, dem jedoch durch ein Schreiben des Kaisers an die Kurfürsten und Stände des Reiches rasch Einhalt gethan wurde, als eben nach den Juden der Adel an die Reihe gekommen war. Aber die Gefahr für die Juden, der sie soeben mit genauer Noth entgangen waren, sollte gleichsam in Permanenz erklärt, die Aufreizung in ein System gebracht, der Zündstoff litterarisch geborgen und verewigt und eine Hochschule für Hetzapostel aufgerichtet werden, die fortan nur Eine Botschaft kennen und predigen: Hep, Hep. Johann Andreas Eisenmenger hatte eine besondere Weihe für das neue Jahrhundert ausersehen; 1700 sollte von Frankfurt am Main aus „das entdeckte Judenthum" aller Welt sich offenbaren. 19 Jahre und 193 hebräische Bücher hatte er angeblich zu dieser Entdeckung gebraucht, auf deren bloße Kunde der Pfalzgraf vom Rhein, Kurfürst Johann Wilhelm, dem Entdecker die Professur für orientalische Sprachen „bey dero weitberühmten Universitaet zu Heydelberg den 18. Jan. an. 1700 gnädigst conferiret"[2]). Die Ruhmredigkeit und ungeduldige Bosheit des Autors, der allerorten in heimtückischer und verrätherischer Absicht mit den Juden „so vertraulich umgegangen" war[3]), um sich gleichsam von ihnen selber das Holz zu ihrem Scheiterhaufen liefern zu lassen, hatte die Bedrohten vorzeitig auf das bevorstehende Ereigniß auf-

---

[1]) Von dieser Verfolgung berichtet Wagenseil, „Vom Juden-Teutsch" S. 118 bei Schudt I, 395: „die Juden haben sehr neulich abermahls von einem zusammen gelauffenen Gesinde in der Stadt Bamberg / uñ der benachbahrten Landschafft ausstehen müssen." S. Berliner und Hoffmann's „Magazin für die Wissenschaft des Judenthums" VI, 59 und G. Wolf in Frankel's „Monatsschrift" XVIII, 379 Anm. 1, 383, 466. Es ist nicht wahrscheinlich, daß der Fasttag des 29. Nisan in Bamberg (s. Kobak's „Jeschurun" VI, 31 f.) wegen dieser Verfolgung eingesetzt wurde, da die handschriftliche Notiz, die darüber erhalten ist (S. 32), älter zu sein scheint.

[2]) Schudt I, 437.   [3]) Ebendas. 430.

merksam gemacht. Es war eine richtige Witterung, welche die sonst
von Hetz- und Schmähschriften nicht sonderlich berührten Juden von
diesem Buche Unheil befürchten ließ. Die Folge hat es gelehrt,
daß die Anstrengungen, den Deckel dieser Pandorabüchse nieder-
zuhalten, gerechtfertigt waren. Die Lüge, dieser gefährlichste Feind
der Menschheit, war hier doppelt furchtbar aufgetreten, da sie den
Schein wissenschaftlich erforschter Wahrheit und quellenkundiger Gelehrsamkeit erborgte. Die Juden hatten vollen Grund zur Unruhe,
aber sie waren auch richtig berathen, als sie, des privilegirten
Rabbiners sich erinnernd, an Wertheimer sich wendeten, um ihr
geängstetes Herz vor ihm auszuschütten. Am 22. Mai berichteten
ihm die Vorsteher der Frankfurter Gemeinde durch ihren Notar von
dem drohenden Ereigniß, dessen volle Bedeutung ihm auch von
anderen Seiten her klar gemacht wurde.

Es wäre eine müßige Frage, ob die Juden in einer Zeit, da
der Name Preßfreiheit noch nicht dem Wortschatze der deutschen
Sprache angehörte, das Recht hatten, die Confiscation eines sie so
schwer gefährdenden Druckwerkes zu fordern; für sie konnte überhaupt
nur von Gnade die Rede sein. Als Gesammtheit ohne Vertretung,
ohne Mittelpunkt und Führer, kam für sie Alles darauf an, wenigstens
Einzelne zu besitzen, die bei den Mächtigen der Erde sich in Gunst
zu setzen verstanden und bereit waren, ihren Einfluß für ihre weniger
glücklichen Brüder aufzubieten; die Noth der Zeiten schuf den Schtadlan,
den „geschäftigen“, beflissenen, für Jeden und für Alle allezeit ein-
tretenden Fürsprech und Helfer. Stab und Stütze, Berather und
Anwalt, der Mund der Seinen, ward er allmählich wie von selbst
die stillschweigend geduldete und anerkannte Mittelsperson zwischen
den Juden und ihren Beherrschern. Jede Gemeinde, jede Gegend,
jedes Land hatte einen Schtadlan, jeder Theil des zertrümmerten
Ganzen seine Specialvorsehung. Das Recht Aller ward durch das
Vorrecht Einzelner ersetzt, statt des schützenden Gesetzes trat der
persönliche Einfluß weniger Bevorzugter ein. Es ist das welt-
geschichtliche Verdienst dieser Geduldetesten der Geduldeten, dieser
privilegirten Schutz- und Hofjuden, daß sie sich der zurückgesetzten
Stammesgenossen annahmen; die Versuchung, sich zu überheben,

war reichlich vorhanden, wandelten sie doch wie in einer besonderen
Atmosphäre inmitten der Ihren. Aber diese Männer, zu denen ihre
Brüder, verlangend und hülfesuchend, wie die nachtbedeckte Niederung
zu den hellbeglänzten Bergesgipfeln emporblickten, haben in dem
Bewußtsein gehandelt, daß sie nur der Frühschein jener Sonne be-
leuchtete, die Allen gehört und ob auch spät und später über Alle
den lichten Tag heraufführen muß. Wie man von Salomon Koreff[1])
überliefert, daß er vor dem Statthalter von Böhmen seine vor Erregung nicht zu meisternde Stimme mit den Worten rechtfertigte:
„Aus mir schreien zehntausend Seelen", so trug und hob die
Schtablanim die Gemeinschaft, die sie vertraten, und verlieh ihren
Worten und Werken erhöhtes Gewicht. Samson Wertheimer mochte
seinen Einfluß bei den Behörden wiederholentlich bereits für Einzelne,
die er aus schweren Gefahren errettete, und Gemeinden, denen er die
Stättigkeit bei der Obrigkeit erwirkte, aufgewendet haben, jetzt erhob
er sich zur Höhe des wahren Landschtablan[2]); „Nahmens der gesammten Judenschaft im Reich" richtet er am 12. Juli 1700 seine
„allerunterthänigste Supplication und Bitten"[3]) an Kaiser Leopold.

---

[1]) S. G. Wolf, in „Jahrbuch für die Geschichte der Juden" IV, 169 Anm. 1.

[2]) שתדלן heißt Wertheimer auf den Grabschriften seiner Söhne „Inschriften" Nr. 462, 467, השתדלן הגדול auf der seines Schwiegersohnes Eskeles
Nr. 424. Ebenso rühmt sein Seelengedächtniß: באשר נשא חן בעיני שרים
ועמים עד בלי די חלק מכבודו ותקיפתו ורב עשרו לאחרים בצדקה וגמ״ח בין בגופו
בין בממונו שמסר כמה פעמים לחציל נפשות מישראל ואצל זו במה שחרית נוגע לכלל
השתדלן הגדול. בילו בעניני השתדל[נ]ות שהוציא מכריסי ומכספו לאלפים ולרבבות
heißt er auch vor seiner Approbation und in der zweiten Vorrede zu משה ויקהל.
Jaïr Bacharach preist ihn vor seiner Approbation zu חות יאיר: וש״ב השתדלתו
בית קיר״ה ימצא חושם כל איש מצוק ומר נפש. Ganz besonders preisen diese seine
Verdienste um die Judenheit die Gebete seiner Söhne; s. am Schluße. Über
Schtablan vgl. Auerbach, „Geschichte der isr. Gemeinde Halberstadt" S. 20
= Brisch, „Geschichte der Juden in Cöln" II, 112 f. und über das bezahlte
Gemeindeamt des Schtablan oder Syndikus in Posen Perles a. a. O. S. 71,
72 Anm. 23.

[3]) S. „Monatsschrift" a. a. O. S. 380. Das Bittgesuch selbst hat Wiener
veröffentlicht „Magazin" a. a. O. S. 59—62.

Das Gesuch weist in knapper, mannhafter Sprache vor Allem auf die „höchstgefährliche Empörung" im fränkischen Kreise hin, die ohne des Kaisers Dazwischentreten „auch zu allgemeinstem Landesverderb noch weiter würde umb sich gegriffen haben", und nennt sodann das bedrohliche Buch, das „in Teutscher Sprache vermuthlich allein zu dem Ende geschrieben sein solle, umb durch deßen Lesung den einfältigen und ohne Dem noch guten Theils vom verwichenen Jahr her noch schwürig und praeoccupirten gemeinen Mann, sonderlich das Landvolk zu Neuer und größerer Verbitterung gegen die Juden anzureizen und aufzuhetzen"; „wie viel erdichtes Zeug in solchem Buch enthalten sein müße", beweist er ebenso kurz als entscheidend dadurch, daß alle in Europa gedruckten hebräischen Bücher „vorhero erst censurirt werden"; mag selbst des Autors Absicht keine so böse gewesen sein, jedenfalls könne „durch solches Buch und deßen divulgirung leichtlich vollends ein Generalaufstand und Empörung excitirt und veruhrsacht werden"; es sei daher das Buch zu confisciren und die Einsendung aller Exemplare an den Reichshofrath nach Wien [1] anzuordnen. ·

War es auch ein Reformirter, gegen den da der Schutz des Kaisers angerufen wurde, so durfte man doch füglich auf die Entscheidung gespannt sein, die auf dieses fast unerhört kühne Verlangen der Juden erfolgen würde. Da erschien, wie um so recht das Ansehen und den Einfluß Wertheimers zu bezeugen, bereits am 21. Juli der kaiserliche Befehl, die Veröffentlichung des Buches einzustellen und Gutachten von Fachmännern darüber einzuholen. Es bedeutete nicht wenig, daß ausdrücklich auch Rabbiner als vertrauenswürdige Richter darüber zu urtheilen ermächtigt wurden. Mit diesem Beschlusse war die Stellung der österreichischen Regierung in dieser Frage entschieden. Weder der Pfalzgraf Johann Wilhelm, noch Preußens erster König Friedrich vermochten die Freigebung des Buches am Hofe zu Wien zu erwirken; die Verhandlungen zogen sich in die Länge, keine der streitenden Parteien erlebte den Ausgang

---

[1] Vgl. über den Reichshofrath „Feldzüge" I, 37.

des Prozesses[1]), drei Kaiser sanken ins Grab, bevor die Entscheidung erfolgte, die dann auch am Ende nicht von einem Herrscher Öster= reichs, sondern von dem die Pausen des Interregnums gern be= nutzenden Reichsvicariat getroffen wurde. Am 19. Mai 1741 wurde das Buch freigegeben; die Eisenmengerischen Erben, die mit ihren Ansprüchen auf Schadenersatz die Juden weiter verfolgten, wurden erst am 7. April 1773 zu Wien dauernd abgewiesen.

Das maßlose Erstaunen über den Erfolg Wertheimers beim Kaiser wird am Schärfsten in den unwilligen Äußerungen König Friedrichs I. erkennbar, der in seinen Briefen an Leopold und später an Josef die Sache zu einem Siege der Juden über die christliche Religion aufbauschen möchte. So schreibt er[2]) am 25. April 1705, daß es „der Christl. Religion fast verkleinerlich seyn würde / wann die Juden so mächtig seyn solten / daß sie ein zu Vertheidigung derselben / und Widerlegung ihrer Irrthümer verfertigtes Buch / solten unterdrucken können." „Dahero unschwer zu urtheilen ist", meint er[3]) am

---

1) Den Verlauf des Prozesses Eisenmenger in seinen Einzelheiten hat G. Wolf aus den Akten dargestellt „Monatsschrift" XVIII, 378 ff., 425 ff., 465 ff. Die durch Wertheimer veranlaßte Intervention des mit ihm verschwägerten Hof- und Kammeragenten Leffmann Berens, des Schtadlan von Hannover, beim Chur- fürsten Georg Ludwig beleuchtet Wiener, „Magazin" 6, 48 ff. Ohne Antheil kann auch Samuel Oppenheimer nicht, wie Wolf a. a. O. 380 Anm. 3 und Wiener a. a. O. 52 gegen Graetz, „Geschichte der Juden" X, 308 an- nehmen, in dieser Frage geblieben sein. Mag er auch draußen im Reich als der damalige Rothschild der Juden bekannter als Wertheimer gewesen und darum von Paulus Christiani (Schudt I, 428) allein genannt worden sein, so wäre er doch ohne alle Betheiligung kaum zu dieser Erwähnung gekommen. Noch nach seinem Tode verlangen Eisenmengers Erben 1705, der König von Preußen möge die Pfändung Wertheimers und Oppenheimers erwirken, damit sie ihr Geld erhielten; s. Wolf a. a. O. 431. Wertheimers alleinige Intervention beim Kaiser wird jedoch durch Schudt bestätigt. I, 437 heißt es: „da nun sein Werk zu Franckfurt unter der Presse war / erregten die Juden allhier einen Juden zu Wien Simson Wertheimer / daß er bey dem Kayserl. Reichs-Hoff-Rath angegeben wurde / ob enthielte solch Buch viel Falsches / und seye nur dahin angesehen / daß Tumult und Aufruhr wieder die Juden erreget würde."

2) Schudt III, 2.   3) Ebendas. 5.

19. März 1708, „daß die Juden kräfftige Mittel wiſſen müſſen/
um das zu Vertheidigung der Warheit und Wiederlegung ihrer Irr-
thumen verfertigte Buch unterdrucken zu können/ gleichwie aber
ſolches der Chriſtlichen Religion nachtheilig/ und verkleinerlich iſt/
ſie auch ſolcher zu ſpotten/ dadurch Gelegenheit nehmen." Und
bereits am 15. April wiederholt er¹), daß „es auch in der Warheit
der Chriſtlichen Religion zum Spott und Hohn gereichet/ wann die
Juden in dergleichen Sachen/ da ihre Irrthümer und gottloſes
Weſen refutiret werden/ die Oberhand behalten/ und ſolche ſolten
können unterdrucken." Seine Drohung, wenn „die Juden demnach
mit ihren Kunſtgriffen durchdringen ſolten", das Buch im Königreich
Preußen nachdrucken zu laſſen und Mittel zu erfinden, „des Authoris
Erben auf der Juden Koſten zu nidemniſiren", hat Friedrich ver-
wirklicht; er hat nemlich 1711 „das Buch auff eigenen Koſten in
Berlin in der Königl. Hof-Buchdruckerey secretissime, gewiſſer
Staats-Urſachen²) halber drucken und auff das Titul-Blatt Königsberg in Preuſſen ſetzen laſſen." „Darbey," fügt Schudt I, 427
hinzu, „die Juden ſich tröſten mögen/ daß der erſte Abbruck ſolches
Buches noch in Ketten und Banden auf dem Klapperfeld im Armen-
Hauß zu Franckfurt verſchloſſen und gefangen liegt." So wurde
durch dieſe königl. preußiſche Ausgabe um 30 Jahre früher die allezeit volle Futterkrippe freigegeben, aus der ſo viele unzahme Wieder-
käuer in der Folgezeit ihren Hunger nach Verläumbung der Juden
ſtillen konnten.

Es war eine bittere Ironie der Geſchichte, daß gerade an dem
Tage, da Wertheimers Einfluß ſeinen höchſten Triumph feierte und
das kaiſerliche Patent gegen Eiſenmengers Buch die Wahnvorſtellung
von der Herrſchaft und Übermacht der Juden begründete, ihre Un-
ſicherheit und immer noch gleich gefährdete Lage erſchreckend offenbar
wurde; an demſelben 21. Juli 1700 übernahm es der Wiener Pöbel,

---

¹) Schudt III, 7: An den Reichs-Hoffrath Graffen von Oettingen.

²) Daſ. IV, 5. Buch S. 286. Das heißt wohl, wie aus I, 427 hervorgeht,
daß darum Königsberg angegeben wurde, „als wohin das Kayſerl. Verbott ſich nicht
erſtrecket". S. [König] „Annalen der Juden in den preußiſchen Staaten" S. 226.

ben Traum von der jüdischen Herrlichkeit gründlich zu zerstören.
Ein Zufall sollte gleichsam die Schneeflocke werden, welche die Lawine
des seit lange gegen die Juden Wiens angesammelten Neides und
Hasses zum Rollen brachte. Man[1]) hatte die Thorheit begangen,
eine jener kleinen Neckereien, wie sie eben zum Kleingeld des mittel-
alterlichen Judenhasses gehörten, das herausfordernde Pochen auf
einem Brette[2]), mit dem sich ein Schornsteinfegergeselle dem Oppenheimerschen Hause gegenüber erlustigte, zu verwehren und durch die
Rumorwache bestrafen zu lassen. Vergebens hatte Samuel Oppenheimer die Sonne seiner fürstlichen Wohlthätigkeit über Christen[3])
wie Juden scheinen lassen, vergebens waren seine Dienste für Kaiser
und Land, vergebens hatte Prinz Eugen ihn als „Retter in der
Kriegsnoth"[4]) bezeichnet, vergebens war seine „unbegreifliche Un-
eigennützigkeit"[5]), ohne die, wie man übertreibend sagte, Österreich
und Deutschland heute türkisch wäre, vergebens war er siebzig Jahre
alt geworden: in wenigen Stunden war sein Haus geplündert, die
Kanzlei erbrochen, der Vorrath der zum Theil unersetzlichen Scripturen
zerrissen oder verschleppt, Hab und Gut geraubt, was nicht niet-
und nagelfest war, zertrümmert und verwüstet; Oppenheimer und
die Seinen retteten mit genauer Noth ihr Leben. Der fortgesetzten

---

[1]) Nach Schudt I, 352 wäre es Oppenheimer selber gewesen, „welcher
den klopffenden Schornstein-Feger durch die herbeygeholte Rumorwacht wolte
einsetzen lassen."

[2]) Schudt I, 351 f.; über des „Bret-Klopffens / so die Juden nicht leiden
können / Ursprung" s. ebendas. IV, 5. Buch, S. 239 ff. und II. Register s. v.

[3]) „Es haben mir selbst", sagt Schudt IV, 4. Buch, S. 209, „Christen
und Juden des mehrern bezeugt / daß der alte Samuel Oppenheimer zu Wien /
Wann Christliche Passagierer / Studenten und andere Dürfftige sich bei ihm angemeldet / sie niemahl ohne reichliche Beschenkung von sich gelassen habe."

[4]) S. Wurzbach, „Biographisches Lexicon des Kaiserthums Österreich"
XXI, 75.

[5]) Worte Franz Gräffer's — s. über ihn Wurzbach s. v. — bei J. v.
Hofmannsthal, „Samuel Oppenheimer, eine biographische Skizze" (Wien
1849) S. 8. S. G. Wolf, „Vom ersten bis zum zweiten Tempel" S. 160
und Keller's בחורים I, 109 Anm.

Plünderung der übrigen Judenhäuser wehrte nur das entschiedene Eingreifen der Behörden; der Schornsteinfeger und ein Schwert=fegergeselle [1]) wurden zum abschreckenden Beispiel an dem Eisengitter über der Einfahrt des zerstörten Hauses am Bauernmarkte (heute Nr. 1) aufgehenkt. Mit welchem Gefühle mag Oppenheimer die Synagoge [2]) seines ehemaligen Palastes wieder betreten haben, dessen Eingang fortan die Schatten von Hingerichteten umdüsterten! Der angerichtete Schaden bezifferte sich auf mehrere, man sprach von vier Millionen; die Behörden hatten die Hände voll damit zu thun, die nach anderen Städten verschleppte Beute, die Schriften und Briefschaften des großen Handlungshauses [3]) so weit als möglich wieder hereinzubringen. Ein Gesuch Oppenheimers, das die Hof=kammer bereits am 29. Juli 1700 [4]) mit dem Vermerk: periculum in mora an die ungarische Kammer in Preßburg leitet, führt uns unmittelbar in die Bewegung und Erregung jener Tage ein; es lautet:

---

[1]) Ich folge der Darstellung bei Schudt I, 351—353, L. Rink bei Maurer a. a. O. 448, „Sulamith" a. a. O. S. 237 f., [J. Wertheimer] „Die Juden in Österreich" I, 133 gegen G. Wolf, „Geschichte der Juden in Wien" S. 57. Wurzbach a. a. O. läßt zwei Rauchfangkehrer und einen Schwertfeger hingerichtet werden. Diese Plünderung besingt ein handschriftliches lateinisches Gedicht der Hofbibliothek in Wien s. Steinschneider in „Zeitschrift für die Geschichte der Juden in Deutschland" 2, 151.

[2]) Schudt IV, 5. Buch, S. 238 bemerkt von Oppenheimer: „Dieser hat in Wien in seinem Hauß eine gewölbte Synagog / darin alle Tage Morgends und Abends die Seinige / auch alle andere / zu Wien seyende Juden / zum Gebett kommen."

[3]) Vehse, „Gesch. der deutschen Höfe" II, 7 ⟨ S. 64 macht die edle Be=merkung, man habe „alle Schriften und Handelsbücher — zu des Kaisers nicht geringem Schaden zerrissen, denn er mußte natürlich ersetzen, was der Hofjude aus der Memorie ansetzte, um die Handelsbücher wieder in Gang zu bringen."

[4]) Ben. Res. d. d.; Schudt I, 353 giebt an, es seien „auch einige Brieff=schafften und andere Sachen wieder herbeygebracht worden." Die Kunde dieses Ereignisses hatte sich bald bei den Juden im Reich verbreitet. Mit Beziehung darauf heißt es in der Frankfurter Eingabe an den Kaiser vom 14. November 1701: „nach aufweis der noch kürzlich zu Wien und Bamberg, also sich ganz frisch zugetragenen Exempeln" („Monatsschrift" 18, 429).

Hochlöbl: Kayl: Hoff Camer,
Gnädig Hochgebiettende Herrn Herren,

Demnach ich in Erfahrung gebracht, dafs einige, so sich bey iungst Vorbey-
gangener, und an mir und denen Meinigen verübter Plünderung eingefunden
haben, mit einigen geraubten Sachen nacher Prefsburg abgefahren seyn sollen;
Wie aber nicht zweifle, es werden sich annoch allborthen aufhalten, oder dergleichen
noch dahin Khomen;

Gelangt demnach an Ewre Excell: und gnaden mein unterthenigst gehor-
sambstes bitten, die selbe geruhen, die gnädigste Verordnung ergehen zu lassen,
auf dafs dergleichen dorth gegenwertige und noch dahin Khomende Spolianten
vor albasigen gericht angehalten und scharff examinirt werden möchten; zu
gnädigster Erhör mich empfehle.

Ewer Excell: und gnaden

Unterthgst ghbster

Samuel Oppenheimber

Königl. Ober factorn undt Hoff Jud.

Oppenheimer hatte für alle Juden und somit auch für Wertheimer gebüßt, dessen Thätigkeit und zunehmende Wohlhabenheit
weniger in die Augen fiel. Der alleinige Oberhoffactor war Samuel
Oppenheimer, den der Glanz seiner Stellung, seiner durch die beispiel-
los weitreichenden Unternehmungen gleichsam zählbar offenkundigen
Reichthümer in den Vordergrund der gefährlichen öffentlichen Aufmerksamkeit rückte; Wertheimers Glück gedieh im Schatten nicht
minder, jedenfalls aber sicherer. Jung, anschlägig, rastlos und welt-
kundig, genießt Wertheimer, noch ohne glänzende Titel, das Vertrauen
des Kaisers vielleicht in noch höherem Grade als sein greiser Vorder-
mann. 1697 werden mit ihm, dem „sächsischen Factor", wie er noch
heißt, zwei Staatsanlehen [1]) abgeschlossen, eines auf 517,000 Gulden,
sichergestellt auf die Land- und Fürstentagsbewilligungen von Böhmen
und Schlesien, das andere für den Sommersold der Armeen in
Ungarn und im Reich auf 380,000 fl., bedeckt durch den fälligen
Rest der ungarischen Beiträge. An den Lieferungen Oppenheimers
hatte er stillschweigend und offenkundig seinen Theil.   Kardinal

---

[1]) S. „Feldzüge" II, 39.

2*

Kollonits[1]), der schon als Bischof von Wiener Neustadt an der Vertreibung der Juden aus Wien erfolgreich gearbeitet hatte, versuchte zwar durch „ein Consortium patriotischer Männer" den Juden die Lieferungen aus den Händen zu nehmen, um dem Staate „mindestens 450,000 fl. zu ersparen", mußte aber nach wenigen Tagen „die Unausführbarkeit seines Projectes" eingestehn und so die Unentbehrlichkeit der bereits fallen gelassenen jüdischen Lieferanten[2]) bekräftigen. Dafür halfen diese im folgenden Jahre dem Staate aus der bringendsten Noth. Troß der Ebbe der Staatskassen, troß der ausbleibenden Zahlungen der Erbländer, auf die sie assignirt waren, troß der verzweifelten Finanzlage und des fast völlig geschwundenen Credites unternahmen sie 1696 neuerdings die Verpflegung[3]) der kaiserlichen Armee in Ungarn, stille Bundesgenossen und Förderer der glänzenden Waffenthaten Eugens, denen ein Theil an dem Erfolge zuzusprechen ist, daß Österreich nach dem Frieden von Karlowiß am Schlusse des Jahrhunderts von den erschöpfenden Türkenkriegen, für eine kurze Pause freilich nur, aufathmen konnte.

Wertheimer scheint damals bereits nicht nur dem Kaiser und der Hofkammer, sondern auch den mächtigeren deutschen Fürsten finanziell mit Rath und That beigestanden zu haben; Chur-Mainz, Chur-Trier, Chur-Sachsen, Chur-Pfalz hatten ihm den Titel Oberfactor verliehen. Ein Zeugniß von der Aufmerksamkeit, die seine Unternehmungen und Verbindungen draußen im Reiche erregt hatten, giebt die Thatsache eines 1697 von Deutschland aus gegen sein Leben geschmiedeten Mordplanes[4]), mit dessen Untersuchung die preußischen Behörden vergebens sich beschäftigten. 1699 fürchtet er schon, der Last der von

---

[1]) Ebendas. 41 Anm. 1; vgl. über Kollonits das. S. 45 Anm. 1 und Maurer a. a. O. 42 f.

[2]) „Oppenheimer," heißt es a. a. O. 41 Anm. 1, „und sein Bundesgenosse, oft aber auch sein Gegner und Concurrent Wertheimer hatten die Lieferungen förmlich monopolifirt."

[3]) Ebendas. S. 260.

[4]) Nach Mittheilungen, die ich dem königl. preuß. geheimen Staatsarchive in Berlin verdanke.

allen Seiten auf ihn eindringenden Geschäfte zu erliegen [1]). „Ich, der ich so viel in Ew. kays. Majestät als andern Hohen Potentaten Diensten mit Geschäften sehr überladen bin", schreibt er am 22. Dezember 1700 in einer Vorstellung an den Kaiser [2]). Seine unablässigen treuen Dienste hatte Leopold bereits dadurch anerkannt, daß er ihm und seinem damals noch jungen Sohne, Wolf Wertheimer, sein Bildniß mit einer Gnadenkette [3]) verlieh. Aber die höchste Auszeichnung lag in den Missionen, die ihm übertragen wurden, den unmittelbaren Äußerungen des kaiserlichen Vertrauens. Am 22. September 1701 [4]) beruft er sich darauf, daß er in Angelegenheiten des Hofes sich vier Monate in Breslau [5]) habe aufhalten müssen, wo ihm zur Prüfung von Eisenmengers Buche keine Zeit geblieben sei. Als Herzog Karl Philipp, später Kurfürst von Pfalz-Neuburg, der Bruder der frommen Kaiserin Eleonore und Schwager Kaiser Leopolds,

---

[1]) Die Approbation zu ייטיר ד״ת unterschreibt er als: אמר · משה חרד ביבדוה מושיד מכל צד.

[2]) S. „Monatsschrift" 18, 383 f.

[3]) S. das Privilegium Leopolds vom 29. August 1703.

[4]) S. „Monatsschrift" a. a. O. 428.

[5]) Hier hatte Wertheimer einen Agenten, seinen Neffen, den Sohn seiner an Jacob Wimpfen verheiratheten Schwester, Gabriel Jacob, der in den Acten der Breslauer Archive, wie mir mein Freund Dr. M. Brann, Rabbiner in Pleß, mittheilt, stets „der Wertheimische Mandatar" oder „der privil. Wertheimische Bestellte" genannt wird. Dieser gehörte von 1718—1740 zu den Höchstbesteuerten in der dortigen Judenschaft. In einem Schreiben an den Kaiser vom 2. Mai 1699 erheben „die Rathmanne der Stadt Breßlau" Einsprache gegen das in den kais. Rescript vom 7. April c. enthaltene Privilegium freier Niederlassung für Samson Wertheimer und hoffen, daß Sr. May. sie ohne alles Verschulden nicht so harte straffen noch durch dieses ungläubigen Menschen Reception und Immunitäten auf einmal die alten Privilegia caffiren werde (Stadt-Archiv Klose N. N. N. 429). Am [17./10.] 1699 berichten die Ältesten der Breslauer Kaufmannschaft dem Magistrat über die Machinationen des Juden Wertheimer, sich in der Stadt einzuschleichen (Das. 430[1]). Gabriel Jacob mußte nach 1740 Breslau verlassen und ließ sich in Kremsier nieder; er ist der Ur-Urgroßvater Josef Weisse's, Oberrabbiners zu Waag-Neustadtl, dem ich auch diese Mittheilung verdanke.

der seit 1688 „seinen geistlichen Pfründen" entsagt hatte und in er kaiserlichen Armee während der Türkenkriege zum Generalfeldmarschall emporgestiegen war, in zweiter Ehe eine polnische Prinzessin heimführen sollte, wurden die Verhandlungen wegen der Mitgift [1]) der Braut Wertheimer übertragen. Am 15. Dezember 1701 fand die Trauung des Prinzen mit Theresia Katharina Lubomirska in Krakau statt. Wertheimer hatte sich des ihm gewordenen Auftrags in so zufriedenstellender Weise entledigt, daß der im Spenden allezeit unermüdliche Kaiser in Gnaden und zum Gedächtniß ihm tausend Speciesdukaten „verehrte", für die er zur fürstlichen Schmückung seiner Tafel Silber- und Goldgeschirr sich anschaffen sollte.

Aber bald sollten verantwortungsreichere, aufreibende Aufgaben diese friedlichen, heiteren Geschäfte ablösen. Eine unheilschwere Wolke zog am Horizonte Österreichs herauf, der Kampf um die Erbfolge in Spanien. Nie hat sich ein Staat bedrängter, erschöpfter in einen großen Krieg gestürzt; Rückstände in der Löhnung, mangelhafte Verpflegung veranlaßten unausgesetzte Klagen der Heeresleitung, die von Officieren, die ihre Kleider verkaufen, von darbenden, halbnackten Truppen berichtet; zur Rekrutirung und Remontirung fehlte es an Geld; leere Versprechungen, Bewilligungen, denen keine Leistungen folgten, hatten den Kredit in einer Weise erschüttert, daß sich Städte fanden, die den Garnisonen auch nur die einfache Kost zu leihen sich weigerten. Wieder waren es Oppenheimer und Wertheimer [2]), die Rath schafften, die nöthigen Gelder aufbrachten, die Remontirung und Proviantlieferung übernahmen und so die wichtigsten äußeren Bedingungen eines erfolgreichen Krieges erfüllen halfen. In dem

---

[1]) S. das Privilegium Leopolds. Über Karl Philipp vgl. „Allgemeine deutsche Biographie" 15, 331. Irrthümlich heißt es bei G. Wolf, „Geschichte der Juden in Wien" S. 54, daß „der König von Polen dem Erzherzog Carl eine Million Dotationsgelder bewilligte."

[2]) „Samuel Oppenheimer," heißt es „Feldzüge" III, 64 Anm. *, „der in Geldsachen der Regierung damals überaus einflußreiche „Hoffactor und Hoffjud", wie er sich unterschreibt und amtlich betitelt wird, wußte, unterstützt durch einen gewissen Wertheimer, der in den Acten als Schwiegersohn Oppenheimers aufgeführt erscheint, fast alle Lieferungen an sich zu bringen."

Contracte vom 24. Dezember 1701 wird „dem kaiſ. Ober-Kriegs-
Factor und Juden Samuel Oppenheimer" zugeſichert[1]), daß ihm
„die verlangten kaiſerlichen Freipäſſe und Promotorial-Schreiben zum
freien Einkauf in Böhmen, auch Dänemark, Sachſen, Brandenburg,
Salzburg, Lüneburg, Schwaben und Tyrol ausgefertigt werden."
Im zweiten Kriegsjahre ſchließt vollends die Hofkammer mit Oppenheimer ein Anlehen[2]) auf fünf Millionen Gulden Baargeld ab;
von den zehn gleichen Monatsraten von je einer halben Million,
in denen es zu entrichten war, wurden je 300,000 Gulden der
italieniſchen Armee und je 200,000 an die Hofkammer ausgezahlt.
So tief war der Staatskredit geſunken, daß das Geld nur gegen
12 Prozent und eine Pfandverſchreibung von nahezu neun Millionen
zu beſchaffen war. Gleichwohl droht am 23. Oktober 1702 Eugen,
der den Kaiſer „continuirlich mit lauter Verdrießlichkeiten zu be-
unruhigen" bedauert, mit dem Total-Ruin[3]) der italieniſchen Armee.

Wertheimer fand in dieſem Jahre auch Gelegenheit, den Sohn des
Kaiſers, den römiſchen König Joſef, der zur Rheinarmee abging und
am 27. Juli 1702 im Lager vor Landau erſchien, ſich zu verpflichten.
Er ſcheint bei der Belagerung dieſer Feſtung, die bereits am 9. September, am 85. Tage der Belagerung, dem öſterreichiſchen Heere ſich
ergeben mußte, durch namhafte Geldvorſchüſſe ſich Verdienſte er-

---

[1]) Daſ. 452. Vgl. auch die Contracte über die Errichtung des Proviant-
Fuhrweſens für die Armee in Tyrol vom 31. Jänner 1701 daſelbſt S. 419 f.
und über die Proviant- und Haferlieferung für die in Tyrol und im deutſchen
Reiche ſtehenden Truppen vom gleichen Datum S. 420 ff. Die Klagen über die
Qualität der gelieferten Zugochſen und des Mehles ſ. S. 70—71. Eine ſchärfere
Berückſichtigung der finanziellen Lage, der Eile bei der Herbeiſchaffung der Vor-
räthe, der Gewinnſucht der Unterlieferanten, der Unzuverläſſigkeit der Bedienſteten
iſt wohl geeignet, das harte Urtheil über „unreelle Geſchäftsgebarung", über einen
Gewinn von 33—42% und vollends die Darſtellung Oppenheimers als „eines
gewiſſenloſen Speculanten" (S. 71) zu berichtigen.

[2]) „Feldzüge" IV, 41. Oppenheimer ſtellte auch die Pferde (S. 45),
das Ochſenfuhrwerk (S. 49) bei und übernahm das geſammte Proviantweſen
(S. 57).

[3]) Ebendaſ. IV: Militär-Correſpondenz Nr. 107, S. 265.

worben zu haben, die ihm der commandirende Kronprinz später als Kaiser gleich nach seinem Regierungsantritte [1] gedachte.

Bei der Unzuverlässigkeit der Steuereingänge, durch welche diese Anlehen bedeckt zu werden pflegten, waren die Creditoperationen der Unternehmer ein gefährliches und aufreibendes Geschäft. Es war jeden Augenblick zu befürchten, daß die ausbleibenden Zahlungen Stockungen hervorrufen und die übernommenen Verbindlichkeiten nicht würden eingehalten werden können. So hatte Wertheimer von den 250,000, die er 1695, und den 70,000 rheinischen Gulden, die er 1698 dem Kaiser vorgeschossen, 1701 noch Nichts [2] zurückerhalten. Die Contributionen von 1698, 1699 und 1700 der niederungarischen Comitate, die ihm angewiesen wurden, waren eben nicht eingegangen. Am 3. Juni 1701 erwirkt die Hofkammer ihrem Secretär Joh. Herbold Füllgraf v. Schöndorff bei der ungarischen Kammer Assistenz zur Eintreibung dieser restirenden Contributionen, deren größten Theil Wertheimer zur Bedeckung dringender Hof= und Kriegsbedürfnisse dem Kaiser von Neuem vorzustrecken sich erboten hatte. [3]

Der Mann, der die Gefahr einer allgemeinen finanziellen Stockung durch das persönliche Vertrauen, das die gesammte Handels-welt ihm entgegenbrachte, stets glücklich zu bannen wußte und die Hofkammer aus ihren ewigen Verlegenheiten rettete, war Samuel Oppenheimer. Auf seinen Schultern ruhte der Kredit Österreichs; wenn er fiel, dann war der Staat bankerott geworden. Seine Söhne scheinen die Unhaltbarkeit der Zustände, die Gefährlichkeit weiterer Unternehmungen erkannt zu haben, allein er blieb un-erschütterlich in seiner Bereitwilligkeit, unerschöpflich vertrauensselig, wie er war. Wolf Oppenheimer war am Anfange des Kriegsjahres 1703 zweimal den Einladungen des Generallieutenants und Befehls-

---

[1] S. das Privilegium Josefs vom 22. Mai 1705. Im Herbste 1702 hul-bigten Josef I. und seiner Gemahlin während der Belagerung von Landau auch die Frankfurter Juden in Heidelberg; s. Horovitz, „Frankfurter Rabbiner" 2 S. 58 f.

[2] Zu entnehmen aus dem Schreiben der Hofkammer (Ben. Res.) vom 3. Juni 1701.

[3] S. Ben. Res. d. d.

habers der Rheinarmee, des Markgrafen Ludwig von Baden [1]), aus-
gewichen, der ihn zu neuen Vorschüssen und Munitionslieferungen
bestimmen wollte. Er müsse zuvor die Ermächtigung seines Vaters
einholen, der für seine Geldforderungen und das der Rheinarmee
im Vorjahre gelieferte Pulver und Blei noch keinen Heller erhalten
hatte. Da erfolgte unerwartet am 3. Mai [2]) 1703 der Tod Samuel
Oppenheimers. Die Säule, die mühsam genug den Staatskredit
aufrechterhalten hatte, war geborsten; die lange gefürchtete Stockung
war unausbleiblich. Jetzt zeigte es sich, wie sehr das öffentliche
Vertrauen allein der Person des verstorbenen Oberhoffactors gegolten
hatte; das Falliment des Hauses Oppenheimer war das Falliment
Österreichs. „Sein Tod hatte eine förmliche Handelskrise in
Deutschland und in den Erbländern zur Folge. Die weitverzweigten
Geschäfts- und Handelsverbindungen dieses unternehmenden Mannes
beruhten zum größten Theile auf dem persönlichen Credite, den
die gesammte Geschäftswelt Oppenheimer entgegengebracht.
Wenn man oft in der größten Bedrängniß nirgends mehr die
für den Augenblick dringendsten Mittel zu beschaffen vermochte, so
wußte in der letzten Stunde der Hofjude doch immer durch das
Vertrauen, das er genoß, und seine ungemein weitreichenden Verbindungen neue Hülfsquellen zu erschließen. Wurde er auch mit den
Assignationen der Hofkammer von den einzelnen Ländern oft jahre-
lang herumgezogen, so geduldeten sich doch gerne seine Gläubiger
und Lieferanten; denn sie wußten, daß sie am Ende doch nicht zu
kurz kämen, und daß die unermüdliche Thätigkeit Oppenheimers
ihnen schließlich zur Befriedigung ihrer Ansprüche verhelfen werde.
Bei seinem Tode ergriff nun die ganze Geschäftswelt eine unbeschreib-
liche Panique. Alle Interessenten, in dem Bewußtsein, daß vom
Staate nichts oder nur in den seltensten Fällen etwas zu erhalten

---

[1]) S. „Feldzüge" V, 104. Über Ludwig s. das. II, 222 Anm. 1.

[2]) Nicht „Mitte Mai", wie das. V, 77 angegeben wird. Das Datum
ist durch die Grabschrift Samuels („Inschriften" Nr. 323), wo Donnerstag der
17. Ijar חטי als Sterbetag angegeben wird, gesichert. Am 7. Mai meldet
Eugen bereits das Ereigniß dem Feldzeugmeister Grafen Guido Starhemberg;
s. „Feldzüge" V: Milit. Corresp. S. 60.

sei, suchten jetzt in überstürzter Haft ihre Forderungen an der Ver=
lassenschaftsmasse, deren Verwaltung Oppenheimers Sohn, Emanuel,
übernommen hatte, geltend zu machen, und so wenigstens, was noch
möglich, zu retten. Von einem Fortgange der Geschäfte, von einem Ein=
gehen neuer Contracte und der Einhaltung übernommener Lieferungen
konnte unter solchen Umständen keine Rede sein, und der Bankerott
der Firma Oppenheimer war die erste Consequenz dieser Wirren"[1]).
Prinz Eugen ahnte bereits am 7. Mai die Verlegenheit[2]), die
Oppenheimers Tod dem Staate bereiten mußte. Der Obrist=Kriegs=
meister Martini[3]) schreibt unterm 20. Mai, daß „durch des Oppen=
heimers Tod die Wechsel=Negotia in Wien auch gehemmt werden."
Markgraf Ludwig von Baden[4]) erklärt am 15. Juni dem Kaiser
vollends: „des Oppenheimers in der Welt ausgeschriebenes Falli=
ment macht, daß man nirgend vor keinen Heller Geld noch credit
finden kann." In der That legte sich auch der Kaiser persönlich ins
Mittel. Ein Moratorium[5]) für alle Gläubiger Oppenheimers ver=

---

[1]) Wörtlich entnommen aus „Feldzüge" V, 77—78.

[2]) Ibid. Suppl. S. 60: La mort d'Oppenheim est encore un nouvel
embarras. Tous les marchands sont si mêlés dans cette affaire, qu'ils se
sont déclarés ne pouvoir entrer dans aucun traité, qu'ils n'aient ajusté en
quelque manière les affaires du juif. Ainsi il n'est pas possible de rien
finir auparavant. Emanuel Oppenheimer muß vom Markgrafen Ludwig von
Baden an Eugen besonders empfohlen worden sein, da dieser am 20. Juli 1703
antwortet (das. S. 96): „6to Werde ich zwar in allweg geneigt sein, dem Juden
Oppenheimer meinen Schutz und Protection angedeihen zu lassen, allein
werden auch Euer Liebden von selbst billig erachten, daß man zu Kaisers Dienst
untersuchen müsse, ob, wie und was er noch ferners zu prästiren vermöge, nicht
weniger, wie dabei auch dem Aerario gewirthschaftet werden könne." Von der
Rheinarmee berichtet Eugen dem Kaiser am 29. Mai 1703 (das. 70), daß sie
„im Angesichte des Feindes nackt und bloß, ohne Heller Geld, ohne Proviant,
und zur behörigen Defension nicht einmal mit genugsamem Pulver und Blei ver=
sehen ist."

[3]) Ebendas. V, 78 Anm. 1.

[4]) S. Vehse a. a. O. II, 7 S. 4.

[5]) In allen Städten Deutschlands ließ die Kais. Reichs=Hofkanzlei ver=
künden, daß „die Oppenheimer'schen Interessenten, Anticipanten, Creditoren und

hinderte den Fall zahlreicher Geschäftshäuser, eine dringend noth=
wendige Maßregel in der ersten Verwirrung. Auch wurde ein be=
sonderes judicium delegatum [1] unter dem Vorsitze des Grafen
Martinitz eingesetzt, um die angemeldeten Forderungen zu prüfen und
zu liquidiren. Der Staat hatte so die Sache des Oppenheimerschen
Hauses, an dessen Aufrichtung Bankhäuser und Kaufleute des In= und
Auslandes, Fürsten, wie der Herzog Georg Wilhelm von Braunschweig=
Lüneburg [2] ein vitales Interesse hatten, zu der seinigen gemacht,
so daß Emanuel Oppenheimer [3] bald wieder für seine Person mit der
Hoffammer Contracte schließen konnte. Wie lange aber die Schlichtung
dieser verworrenen Angelegenheit sich hinzog, selbst nachdem ein Mann
wie Graf Gundacker von Starhemberg [4] läuternd und aufrichtend in
die Leitung des österreichischen Finanzwesens eingegriffen hatte, zeigt
ein Aktenstück vom 15. September 1709, das im k. ung. Landes=
archiv [5] aufbewahrt wird. Kaiser Josef I. fordert darin die ungarische
Hoffammer in Preßburg auf, zum Behufe der mit Oppenheimer
endlich abzuschließenden Hauptbilanz alle an Samuel und Emanuel
seit 1683 gemachten Zahlungen aus den in ihrer Verwahrung
stehenden Mitteln und Gefällen genau zu specificiren.

Es mag Samson Wertheimer, der stets in so enger geschäftlicher
Verbindung mit dem Hause Oppenheimer gestanden, schwer geworden

---

welche von diesen hinwieder im Oppenheimer'schen negotio dependiren, sowohl
Christen als Juden, keineswegs übereilt, etwa mit Executionen belegt oder sonst
im Mindesten ex ratione eines Wechselrechtes angefochten oder compellirt" werden
sollten; s. „Feldzüge" V, 79.

[1] S. Vehse a. a. O. S. 5. Vgl. die Geschichte der Aufrichtung des
Oppenheimer'schen Hauses „Feldzüge" VI, 77—78.

[2] Das. S. 77 Anm. 2.

[3] Noch im Jahre 1703 schließt Emanuel Oppenheimer einen Contract mit
der Hoffammer „betreffs Lieferung von 15,000 Stück „Musketen-Flinten", das
Stück zu 6 Gulden," „Feldzüge" V, 79. Nach Vehse a. a. O. S. 5 „findet
es sich" erst 1706, daß Oppenheimer wieder Lieferungen übernahm.

[4] S. Arneth, „Prinz Eugen von Savoyen" I, 349; Vehse a. a. O. 6
S. 60 f. und 246 f.; „Feldzüge" V, 32 Anm. 1.

[5] Ben. Res. d. d.

sein, sich durch die Wirbel dieser heftigen und gefährlichen Krise unversehrt hindurchzuretten[1]). Aber wir finden ihn auch in diesem Unglücksjahre aufrecht und rastlos im Dienste seines Kaisers bemüht. So sehen wir ihn die so wichtige Zahlung der Subsidiengelder, die der Kaiser an die Reichsfürsten für die Beistellung von Hülfstruppen zu entrichten hatte, auf seine Rechnung übernehmen, wobei ihm wohl seine Stellung als Hoffactor so vieler deutscher Reichsstände zu Statten kam. An den Kurfürsten von Mainz zahlte er 100,000, an Chur-Trier 150,000 und an Chur-Pfalz 350,000 Gulden[2]). Damals scheint er auch den ungarischen Comitaten[3]), die in den Drangsalen des Aufstandes Franz Rákóczis ihren Zahlungspflichten gegen den Staat nicht nachkommen konnten, mit unermüdlicher Bereitwilligkeit durch Vorschüsse ausgeholfen zu haben. Mit seinem ganzen Vermögen der Gläubiger seines Kaisers, mit Anspannung seines persönlichen Credites sein Bürge, war er außerdem noch unablässig darauf bedacht, neue Pfänder zur Bedeckung der dringendsten Staatsanlehen zu ersinnen. Kaiser Leopold hatte es ihm nicht vergessen, daß er zuerst auf die siebenbürgischen Salinen[4]) hingewiesen und so den Credit von einer halben Million begründet hatte. Sein Vorgehen bei Creditoperationen sowohl als auch bei den Lieferungen aller Art, die er unmittelbar an den Hof abzuführen hatte, muß so tadellos correct, seine Geschäftsgebarung so unbescholten sauber gewesen sein, sein Streben nach Erwerb und Gewinn so sehr in den gebürlichen Grenzen

---

[1]) Vielleicht stammt aus der Zeit des Ausgleichs mit Oppenheimer eine Forderung auf die Rákóczischen fiscalischen Güter, die durch Cession von Emanuel Oppenheimer in den Besitz Wertheimers übergegangen sein muß und von diesem (Ben. Res. vom 27. November 1721, wo jedoch Gesuch und Zuschrift an die ungarische Kammer fehlen) behufs Vormerkung erst 1721 angemeldet wurde. Franz Fürst Rákóczy erklärt am 1. April 1700 dem Kais. Oberfactor Herrn Emanuel Oppenheimer, daß ihm nach „gepflogener ordentlicher Abrechnung .. liquid herauß" 35,275 fl. 5½ Kr. kommen, die er ihm schuldig bleibe.

[2]) S. „Feldzüge" V, 65 Anm. 1.

[3]) Wie aus Wertheimers Gesuch gegen die ungarische Kammer (Ben. Res. 9. Oktober 1721) hervorgeht.

[4]) Vgl. das folgende Privilegium.

der Redlichkeit und Anständigkeit sich gehalten haben, daß die kaiserliche Gunst nur auf eine Gelegenheit gewartet zu haben scheint, ihn
nach Verdienst auszuzeichnen. Die Stellung, die Samuel Oppenheimer
eingenommen hatte, sollte nunmehr er einnehmen; schon am 29. August
1703 ernannte ihn der Kaiser zu seinem Hoffactor, dem weiterer Schutz
auf neue 20 Jahre, d. i. bis Dienstag den 28. Mai 1735, freie Religions-
übung, unbehinderter Verkehr und Aufenthalt im ganzen Reiche, un-
bedingte Freiheit von allen Steuern und Abgaben zugesichert werden.
Das Privilegium[1]), das ein sprechendes Zeugniß von der Gunst und
Achtung ablegt, die Wertheimer bei Kaiser Leopold genossen, und
einen wahren Adelsbrief darstellt, lautet von Wort zu Wort also:

Wir Leopold von Gottes Gnaden erwöhlter Römb: Kays: zu allen Zeiten,
mehrer des Reichs, in Germanien, zu Hungarn, Boheimb, Dalmatien, Croatien,
und Sclauonien König, Ertz-Herzog zu Österreich, Herzog zu Burgund, zu Brabant,
zu Steyer, zu Carndten, zu Crain, zu Lutzemburg, zu Würtemberg, Ober, und
nider Schleßien, Fürst zu Schwaben, Marggraff des Heyl: Römb: Reichs zu
Burgau, zu Mähren, Ober und nider Laußnitz, gefürster Graff zu Habspurg, zu
Tyrol, zu Pfürd, zu Kyburg, und zu Görtz, Landgraff in Elsaß, Herr auf der
wündischen Markh, zu Portenaw, und zu Salins. Bekennen offentlich für uns,
unsere Erben, und Nachkomben mit disem Brieff, und Thun kund allermäniglich,
daß wür gbiglich angesehen, die eyffrigen, unuerdrossen, nutzbahr, und erßprießlich
Trew und uninteressirte dienste, welche uns dem Heyl. Romb: Reich, und unsern
durchläuchtigisten Ertz Haus Österreich zu bes allgemainen weesens besten, und
sonder behueff unserer Hoff Cammer, und Kays: und Romb: Königl: wie auch
Königl: Pohln: Chur Maintz Sax: Pfaltz: und anderer Fürsten und Stände
des Romb: Reichs respective Ober Factor, Simßon Wertheimber, der in unsern
Erb-Königreich, und Landen sich befündenden Judenschafft Vorgesetzter Rabbiner,
durch Sibenzehen Jahr in unterschiblich, wichtig, und importanten comissionen,
und Verrichtungen so wohl allhier, als anderwerths, wohin er berenthalben ver-
schickt worden, und in sonderheit in vormahligen Türcken, auch Ratnlanbisch,
frantzösisch, und bey jetzt widerumb in Italien, und in Romb: Reich wegen der
Cron Spanien entstanbenen schwären Krieg, so wohl zu schleiniger beförderung
beren Milit: operationen, alß zu bezahlung beren zu Vnserer Kayser: auch Vnser
frbl. geliebten Sohne des Romb: und Hung: Königs, und Ertz Herzog Carls
Lbb: auch übrigen Hoff Statt nothturfft, und sonst sich eraigneten unentpörlich

---

[1]) Ben. Res. 9. Sept. 1719 in Abschrift. Vgl. Ben. Res. 28. Nov. 1721.

außlagen, nicht allein mit sehr grossen, auf viell Millionen sich beloffen in unser
General Kriegs, und Hoffzahl ambt verschafften paren geld, mittlen, wodurch unß
allenthalben, ein nahmhafftes in erspahrung gebracht worden, sondern auch zu
bestreittung unzählig anderer extraordinari Hoff und Kriegs erfordernußen, mit
anticipirung mehrmahliger Nahmhafften geld Sumen, zu 6. pr. Cento, theils auf
eigenen Credit, theils auf unsere fürstenthümber, in unßern Ertzherzogthumb
Schleßien und anderen gefohlen, in Specie aber auf daß Sibenbürg: Saltz
Comercium, welches Er angegeben, und gleich darauff eine Halbe million zu
wegen gebracht, wie nichtweniger mit abführung viller Subsidien, Gelder und
Leistung, ansehentlicher Caution, und sonst in unterßch]ibliche weeg zu seinem
sonderbahren lob, und unsern gösten gefahlen, so tag, so nachts ungesparten fleiß
allerunterth: geleistet, sambt seinem Sohn, annoch würll: täglich continuiret,
nichtweniger ins künfftig in solch seinem fleiß und eyffer, zu weiterer beförderung
unserer, und des publici Diensten ferners zu verharren gehorf: erbittig ist, auch
seinen unß bekannten qualitäten, gutten vernunfft, und geschidlichkeit nach, wohl
thun kan, und mag; bannen Hero zu deßen allergösten erkantnus, haben Wir
ihm Simßon Wertheimber und seinen Sohn Wolff, nicht allein bereits vorhin
eine Kays: gnadenketten, und bildnus, wie zumahlen wegen der unlängstens zu
Vnsers frb: geliebten Vetters, und Schwagers, des Herzogs Carl zu Pfaltz
Neuburg Lbb. mittelst unserer Hoff Cammer Ihme aufgetragen Comission, und
bey deroselben, durch seine geführte kluge Conduite, zu unsern, und des publici
dienst außgewürkten Sr. Lbb. aus Pohln zugestandenen Million Dotalgelder,
zur Wohl meritirten gnad umb zu einer gedächtnus ainig silber oder golden
geschirr für sich zu verschaffen, tausend species ducaten allergöst verEhret, sondern
auch ihme Simson Wertheimber zu unsern würll: Kays. Ober Factorn auß
aigener bewegnus dergestalten resoluirt, und aufgenommen, daß er jederzeit Vnser
Kays: Oberfactor seyn, sich gegen Vns, und jedermäniglich also nennen, und
schreiben, auch von uns unsern Erben, und Nachkomen, Vnseren, und derselben
Cantzleyen, und sonsten männiglich darfür erkent, gehalten, geehrt, und titulirt
werden solle; Vber bis, und damit er unser Ober factor Simßon Wertheimber
unsere Kays: gnaden desto mehr verspühren, auch in denen Ihme obligenden verrichtungen hinführo desto weniger gehindert, und von männiglich in und außer
Lands, an allen orthen, und enden, sambt denen seinigen allerdings ruheig, unangefochten seyn, und bleiben möge, haben wir ihme noch bise sonderbahre gnad
gethan, und nicht allein daß den ersten Juny Sechzehenhundert, drey und sechzig,
und den acht und zweynzigsten May Sechzehenhundert, fünff und neunzig göst
ertheilte Schutz Priuilegium mit allen Clausuln, Articuln, Inhalt, mainung, und
begreiffungen als wan dieselbe von wort zu wort hierin geschrieben stunden allergöst

confirmirt ratificirt, und beſtättet, ſondern auch nach verſtreichung der darin be-
ſtimbten Zeit, noch auf andere zweynzig Jahr, für ihn, und all die ſeinigen nach
ſpecificirter maſßen extendirt, erſtreckt, und vermehrt; Thun daß extendiren,
erſtrecken, und vermehren, ſolches alles auß Römb: Kayſer-König, und Lands
fürſtl: machts vollkomenheit, hiemit wiſßentlich, in Crafft dis Brieffs, alſo, und
dergeſtalt, dß mehr gedacht Vnſer Ober Factor Simßon Wertheimber, welchen
Er wegen, bey denen Siebenzehn Jährigen unß geleiſten trewen dienſten, und
von andern Chur, und fürſten des Reichs gleichfahls zu unſern Kayſ: bienſten
obgehabt, und noch habenden verrichtungen ſehr abſumirten Leibs-Crafften zu
unſern Kayſ: Dienſten, und mitTragung ſolchen laſts qualificiren und ſuccediren
laſßen will, ſambt biſes ſeines Sohns und künfftig etwan habenden weib und
kindern, ſeyn Wertheimbers Tochter Männer, und Enickl, deren Hauß geſind, und
andere, zu ſein, und der ſeinigen dienſte und verrichtungen iedes mahls erforder-
lichen Perſohnen, beiderley geſchlechts, die beſtimbte Jahr hindurch, welche mit
anno Sibenzehenhundert, und fünffzehn den 28. May, von newen widerumben, auf
andere zweynzig Jahr anfangen, ohne einige gaab und bezahlung, weder Schutz
Toleranzgeld, vermögen, und Kopf Steyer, noch andere, ſo wohl ordinari alß
extraordinari anlagen, es mögen ſelbe nahmen haben, wie ſye wollen gleich er
mit bennen Seinigen bißhero iederzeit befreyet geweſen, in unſern Kayſ: König-
und Lands fürſtl: beſondern Schutz und Schirm ſeyn, allenthalben unßer gelaith,
Sicherheit, und freyung haben, ſo wohl in allhieſig Vnſerer Kayſ: Reſidenz Statt
Wienn als anderer orthen, allwo wür ins künfftig uns etwan auſßer lands in
Heyl: Romb: Reich, oder andern Vnſern Erbkönigreich, und Landen, mit oder
auſßer Vnſerer Hoff-Statt befünden möchten, mit und ſambt allen ihren Hauß,
und brod genoſßen und nothwendigen leuthen, Roſßen, Vieh, wägen, und allen
anderen mobilien und Sachen, von wegen unſerer ihnen bereits vorhin auf
20 Jahr ertheilt, und nach deren verſtreichung gebuldet werden, unßers Kayſer,
und Lands fürſtl: Schutzes genüſßen, zu dem Ende eine behauſung, und Zimmer
zu ihrer Nothturfft, und gelegenheit, allwo es ihnen am ſicher, und bequembſten
anſtähet, umb die billich, und eigene bezahlung in beſtand nehmen, in ſolchen,
oder auch einen über kurz oder lang nach geſtalt, der Sach überkommenden hoff-
quartier, derentwegen Wir ihme Vnſern Oberfactor bereits untern 24ᵗ Xbr. 1696.
iedoch andern Juden zu keiner consequenz durch beſonders hoff Decret einiger
maſßen verſicherung gegeben, ruheig, und unperturbirt wohnen, frey, und ohne
gefahr, auch ungehindert männiglich Jhre Jüdiſche ceremonien, und Moſaiſche
geſätz, ſo wohl im leben, als ſterbens ſählen, ihrem gebrauch und gewohnheit
nach, gleich es in denen Reichs constitutionibus, denen Judenſchafften, und ge-
mainden, deren Er Wertheimber, in Vnſern Erb königreich, und landen, von Vns

priuilegirter Rabbiner ſeyn ſolle, allenthalben zugelaßen, und von Uns, oder
Unſern Vorfahrern g̅bigiſt erlaubet, auch von diſen allhier gepflogen worden,
exercirn, und benen gemäſß leben, beßgleichen allen handl, und Wandl, der
zwahr Er Wertheimber, umb iebermänniglich ſein unintereſſirtes Thun zu zeigen,
bißhero ſich niemahlen unternom̅en, ia ſo gahr in einige natural lieferung, von
munition, und Prouiant, noch Herbeybringung der zu unſerer Hoff-Statt be-
nötigten Cleinodien livreen, fourage und bergleichen Bedörffnüßen, wo bey er
doch, gleich andere, ſeinen vortheil zimlich hätte ſuchen können, ſich nicht einlaſßen
wohlen, nach eigenen belieben Treiben, von niemand baran beſchwährt, gehindert,
noch beleibiget, ſondern von unßertwegen gebuldet werden ſollen. Da auch mit
unſern gnädigſten conſens Er Wertheimber, oder obbenant, die ſeinigen bluds be-
freynden, beiderley geſchlechts, inn oder nach außgang beren priuilegirten Jahren
von hier, oder ſonſten wo ſelbige, in unſern Erb Königreich, und landen, wohnhafft
ſeynd, anderwerts, es ſeye inn oder auſßer Unſern erſtgeb: Erblanden, zu wohnen
ſich begeben wolten, ſollen ſie keines weegs mit eiuigerley gaab, oder abzugs geldern,
ſelbige mögen nahmen haben, wie ſie wollen, nichts dauon außgenom̅en /: Sie
hätten ban Mautbahre Sachen, dauon die Mauth benen Chriſten gleich zu entrichten:/ weithers aber nicht beſchwäret werden; In gleichen bewilligen Wir g̅bigiſt,
daſß ſie aller orthen mit ihren etwan künfftig herbey ſchaffenden Hoffs, oder andern
Kriegs nothturfften, es ſeye ban paaren geldern, oder aber einiger lieferung anderer
nothwendigkeiten, Sie und die Ihrige mit Roſß, und wägen, ohne Hindernus,
und Ihrung, gantz unangefochten, zu waſßer und land frey paſſirt, und repaſſirt,
was aber andere hieher nacher Wienn, oder ins land, zum verhandlen˙ etwan
bringende, und für unß nicht gehörige Sachen betrifft, von ſolchen ſo wohl bey
unſeren eigenen, als andern priuat, und von uns priuilegirten Mauth und 30giſt
ämbtern, die gebühr, iedoch gleich benen Chriſten, und nicht Höcher entrichtet, auch
ohne iebermänniglicher hinderung ihre Hebraeiſche bücher, die Er Wertheimber,
als Juden Rabbiner nöthig, und er inn- und auſßer lands führen, und bringen
laſßen wird, paſſirt, und von Ihnen kein mehrers begehrt, und ba Sie nichts
Mauthbahres bey ſich führeten, bey ſothannen Mauth und breyſigiſt ämbtern,
ſich niemahls anzumelden, oder bey benen ſelben bergleichen ordinari, oder extra-
ordinary gewohnheiten zu beowachten gehalten werden ſollen. Da auch iemands,
Er ſeye inn, oder auſßer unſern Landen, zu ihnen Sprüch, oder forderung, es
möge nahmen haben, wie es im̅er wolle, zu haben vermaint, derſelb allein bey
unßern hoff gericht alhier, wohin Sie Wertheimber, und ihre Leüt gehörig, und
zu antworten ſchuldig ſein Klag mit rechter ordnung anbringen und alba verfahren,
auſßer beſßen aber inn-, und auſßer unßern ländern, weber mit arreſt, Kummer,
repreſſalien Pfändung wegen ihrer, und der ihrigen, noch vill weniger umb

willen frembder, ober etwan einiger gem̄r Statt, ober Jüb: gemainb, alwo ſie
etwan anſaßig wären, priuat ſchulden wegen, ober bergleichen unorbentlichen
mittlen, weber zu waſßer, noch zu Land, Sie ober beren vermögen, unb Güttern,
wo unb an welchen orth, ober g̊ht es ſich zu tragen möchte aufgehalten, ober
beſchwäert werben; zum fahl aber immitelſt, unb vor verflüßung ber obberührt
priuilegirten frey Jahren, iemanb von ihnen Wertheimbern mit Tob abgienge,
ſo ban biſer Schuz, unb gnaben brief, mit allen Clauſuln unb Articuln, gleichfahls auf ihre hinterlaßene Weib unb finder unb beren haußgenoßen biß ſo
thanne Jahr würkl: expirirt, verſtanden ſeyn, bahingegen Sie Wertheimber ihr
alhier von zeit zu zeit bey ſich habenben haußgenoßen, unb verwanbte in ihren
hanbl unb wanbl aufrecht, ehrbahr, Trey, unb unklagbahr, ohne alle ärgernus
gleich von ihnen bie zeit ihres alhier ſeins von männiglich gerühmet würd, verhalten, unb Sye bazu anweiſen ſollen: gebieten barauf, allen unb ieben Unſeren
nachgeſetzten geiſt, unb weltlichen Obrigfeiten, was Würben Stanbs, unb weeſens
bie Seyend; Inſonberheit aber Burgermaiſter unb Rath unſerer Reſidenz Statt
Wienn, unb ſonſt alle außere orthen wo Wir uns etwo mit Bnſerer Hoff-Statt
befünben mochten g̊bigſt, unb ernſtlich, unb wollen, baß Sye offternant, unſern
Oberſactorn, unb Hoff Juben Simſon Wertheimber, auch tochter männer, unb
Enifflen, mit ihren nothwenbigen leüthen freynben, welche Sye, ieberweillen bey
ihnen Haben werben, wie auch beren ſelben weib unb Kinder, biß bie priuilegirte
Jahr völlig verſtrichen, bey biſen unſern Kayſer, unb Lanbs fürſtl: Schuz Patent,
gnab, unb freyheiten allerbings ohnangefochten ſeyn, unb bleiben, Sye berſelben
ruheig freyen, gebrauchen, nutzen, unb genüßen laßen, barwiber nicht Tringen,
befümern, beſchwären, unb anföchten, noch baß iemanbs anbern zu thun geſtatten,
in fein weis noch weg, als lieb einem ieben ſeye, unſere ſchwäre ungnab, unb
ſtraff, barzu ein poen, nembl: 30 markh löthigen golds zu vermeiden, bie ein
ieber, ſo offt Er freuentlich hier wiber Thätte, verfallen ſeyn ſolle. baß mainen
Wir ernſtl: mit Brfunb biſes Briefs, beſigelt mit Bnſern Kayl: anhangenden
Inſigl, ber geben iſt in unſerer Kayl: Haubt unb reſidenz Statt Wienn, ben
29. Monats tag Auguſti in 1703; Unſerer Reiche bes Romb: im 46, bes Hung:
im 49, unb bes boheimbiſchen im 47. Jahr. Leopolb (L. S.) Julius Fribrich
graff Brucelleni. Ad mandatum Sacræ Caesareae Majeſtatis proprium Johan
Ignat. Albrecht v. Albrt:

Aber auch ber Thronfolger, ber römiſche König Joſef, ber ſchon
bei ber erſten Belagerung Landaus auf Wertheimer aufmerkſam ge-
worben war, ſollte beſſen Verwendbarkeit unb Bereitwilligkeit noch
bei Lebzeiten bes bereits kränkelnben Kaiſers Leopolb kennen lernen.

Bei den Conferenzen zur Festftellung des Finanzpräliminares und der Armeeerforderniffe des fo bedeutungsvollen Kriegsjahres 1704, denen er in Bertretung feines kaiferlichen Baters präfidirte, hatte Jofef Gelegenheit, in die volle Mifere der Geldbefchaffung einen Einblick zu gewinnen und die hingebungsvollen Dienfte eines red= lichen, über fo großen perfönlichen Credit verfügenden Finanzmannes fchäßen zu lernen. Ganz befonders fühlte er fich jedoch Wertheimer für die Borfchüffe verpflichtet, die ihm während der zweiten Be= lagerung Landaus[1]) wefentliche Erleichterungen gebracht hatten. Als nach der glänzenden Waffenthat Eugens und Marlboroughs bei Höchftädt die rheinifchen Feftungen den Franzofen entriffen werden follten, ging nemlich Jofef von Neuem zur Rheinarmee, um in eigener Perfon die Belagerung Landaus zu leiten, die am 23. No= vember 1704 mit der Capitulation des von Laubanie fo heldenmüthig vertheidigten Plaßes endete.

Es war daher einer der erften Acte von Jofefs kaiferlicher Gnade, nachdem er durch den am 5. Mai 1705 erfolgten Tod Leopolds auf den Thron Öfterreichs gelangt war, den von feinem Bater gefchüßten und privilegirten Wertheimer feines Wohlwollens zu verfichern und in der von ihm eingenommenen Stellung zu be= feftigen. Bereits am 22. Mai 1705 unterzeichnete er das Privi= legium, das Wertheimer nicht nur die alten Rechte und Freiheiten von Neuem beftätigte und fortgewährte, fondern feine Ehren und Würden noch vermehrte. Er follte fortan nicht nur des Kaifers, fondern auch der Kaiferin Wilhelmine Amalie[2]) Oberfactor und Hof= jube fein. Daß dies Titel waren, die eines gewiffen Einfluffes und öffentlichen Anfehens nicht entbehrten, zeigt die feierliche Verleihung und Wahrung derfelben durch das Diplom[3]), das hier folgen möge:

Wir Jofeph . . . . Bekennen offentlich für Vns, unfere Erben, und Nach=
kommen, mit diefem brief, und thun kund iedermänniglich, was geftalten unfers
nunmehro in Gott ruhenden hochgeehrten und villgeliebteften Herrn Batters weyl:
Kayf. Leopoldi primi Mayt: und Lbben feel: angedenkens, dero geweften Ober=

---

[1]) S. das Privilegium Jofefs I.

[2]) Bgl. Arneth a. a. O. I, 340 ff.

[3]) Ben. Ref. vom 28. November 1721 in Abfchrift beigefchloffen.

factorn Simſon Wertheimber Juden verſchidene Priuilegia, und freyheiten in
anſehung höchſtgeb: Sr. Kays: Mayt: und Lbben dem Romb: Reich Vnſern Erb
Königreichen, und ländern, wie auch dem gemeinen weeſen, und ſonderbahr unſern
Camerali, von dem ſelben geleiſten ſehr importanten und nutzbahren Dienſten,
durch ein formbliches Diploma ertheilt haben, welches von wort zu wort alſo
lautet; alhero war eingetragen das vorgehende Priuilegium. Wann nun auch
Vns Er Wertheimber in verſchidenen occaſionen, ſonderbahr aber in bennen von
Vns, als Romb: König verrichteten Feldzügen, und zwaymahliger beläger, und
eroberung der Haubt Vöſtung Landaw, nicht weniger gleich bey antrettung Vnſerer
Regierung, mit vorſchieſſung nahmhafften geld Summen ſehr angenehme, nutz
und importierliche dienſt geleiſtet, ſolches auch noch ferners zu thun, mittelſt ſeines
habenden groſſen Credits, fleiſſes und ſchönen vernunfft in ſtand, und bes aller-
unthſten erbiettens iſt; als haben wir nicht allein alle obſtehende freyheiten,
Priuilegien, und conceſſionen, in allen ihren Puncten und Clauſuln vollſtändig
confirmirt, ſondern auch ihme Wertheimber zu Vnſern, und Vnſerer frawen gemählin Kays: Mayt: und Liebben Oberfactorn, und Hoff Juden gbſt reſoluirt,
an und auffgenomen, bergeſtalt, baſs er iederzeit Unſer Kays: Oberfactor ſeyn,
ſich gegen Vns, Vnſeren Erben und Nachkomen, unſeren, und berenſelben Cantzleyen,
auch ſonſten iebermänniglich barfür erkent, gehalten, und Titulirt werden ſolle.
Gebietten bemnach, und befehlen allen, und ieben unſern nachgeſetzten geiſt, und
weltlichen obrigkeiten, was würben, Stands, ober Weeſens bie ſeynd, in ſonderheit
aber burgermeiſter, und Rath, unſerer Reſidenz Statt Wienn, und ſonſt aller
anderer orthen, wo Wir uns etwo mit Vnſerer Hoff Statt befinden möchten, gbgſt,
und ernſtlich und wollen baſs Sie offternanten Vnſern Oberfactorn, und Hoff
Juden Simſon Wertheimber, bann ſeinen Sohn Wolff Wertheimber, auch töchter
männer, und Eincklen, mit ihren nothwenbigen Leuthen, und freunden, welche Sye
iederweillen bey ihnen haben werben, wie auch beren ſelb Weib und Kinder biß
die priuilegirte Jahr völlig verſtrichen bey biſen Vnſern Kayſer und Lands fürſtl:
Schutz Patent gnab, und freyheiten, allerbings ohnangefochten ſeyn, und bleiben,
Sie berſelben ruheig freyen, gebrauchen, nutzen, und genüſßen laſßen, barwiber
nicht trängen, bekümern, beſchwären, und anföchten, noch baß iemands andern zu
thun geſtatten, in kein weyß, noch weeg, als lieb einem Jedem ſeye Vnſere ſchwäre
ungnab, und Straff, barzu ein poen, nemblich 30 Marth löthig golds zu vermeiden,
in welche ein jeder, ſo offt er freyentlich hierwiber thätte, verfallen ſeyn ſolle: baſs
mainen Wir ernſtlich, mit Vrkund biſes briefs; beſigelt mit Vnſern anhangenden
Kays: Inſigl, ber geben iſt in Vnſerer Kays: Haubt: und Reſidenz Statt
Wienn, den 22. Monats Tag May, in 1705. Unſerer Reiche bes Romb: im
16. bes hungar: in 18. unb bes boheimb: im 1t Jahr ·/. Josephus (L.S.)

3*

Julius friedrich graff Bucelleni. Ad mandatum Sacrae Caesareae Majestatis proprium. Johann Theodor v. Weißenburg.

Aber es war mehr als Titel und Ehre, was einem Juden jener Zeit durch solch einen kaiserlichen Gnadenact verliehen wurde, es war persönlicher Schutz, Sicherung des Eigenthums. Und diese Schutzbedürftigkeit speciell seiner Wiener Juden sollte Kaiser Josef I. bald kennen lernen! Die Auffindung eines Ermordeten gab Sonntag den 17. Januar 1706 den lange vermißten Anlaß zu neuen Plünderungen; ausgeleerte Cassen, verwüstete Wohnungen zeigten wieder einmal, was man unter der Rache verstand, die an den Juden genommen werden sollte. Es hatten sich dabei [1] „viele Studenten/Handwercks-Pursch/ Laqueyen/Heyducken uñ sonst viel Pöbel zusammen rottiret", der mit bewaffneter Macht und erst, nachdem eine Anzahl von Opfern auf dem Platze geblieben war, auseinandergetrieben wurde. Für die Juden hinterließ der neue Tumult neben Schaden und Schrecken auch noch die Verfügung der Regierung, die Zahl der Juden in Wien zu verringern und ihren Eintritt an den Mauthen schärfer zu überwachen. Wie viel Arbeit und neue Verlegenheit mag Wertheimern als dem privilegirten Rabbiner und Fürsprech der Juden aus diesem Vorfalle erwachsen sein!

Wertheimers Verhältniß zur Hofkammer blieb auch nach der Übernahme ihrer Leitung durch den unerbittlich strengen und gerechten Gundacker Grafen Starhemberg unverändert dasselbe. Seine Creditoperationen sollten unter der Regierung Josefs nach Maßgabe seines eigenen bedeutend angewachsenen Vermögens und Vertrauens und der gesteigerten Kriegserfordernisse des Staates noch bedeutend zunehmen; fochten doch bis zum Tode dieses Kaisers Österreichs Armeen stets gleichzeitig auf vier Kriegsschauplätzen. So finden wir ihn 1706 unter den Wiener Bankhäusern [2], die gegen Sicherstellung

---

[1] Den 16. Januar giebt Schudt I, 353 an, dem Zunz, „Die synagogale Poesie des Mittelalters" S. 350, folgt, wo nur „am 6." in am 16. Januar zu berichtigen ist. Wolf, „Geschichte der Juden in Wien" S. 57 ff. giebt richtig Donnerstag den 17. als Datum an.

[2] S. „Feldzüge" VIII, 55 Anm. 1. Über Simon Michel, der damals gleichfalls als Gläubiger des Staates auftritt, s. oben S. 5 Anm.

auf die Contributionen der Länder dem arg bedrängten Staate durch Vorschüsse zu Hülfe kamen. Als 1708 auf den Rath Starhembergs eine neue Anleihe[1]) von 800,000 fl. mit ihm abgeschlossen wurde, befanden sich Assignationen auf die Eingänge dieses Jahres in der Höhe von 324,740 fl. in seinen Händen, die er zurückgab, um „die hierdurch freigewordenen Contributionsbeträge zur Ablösung anderer Schuldposten und Bestreitung von Subsidien" dem Staate an Stelle von Baarzahlung zur Verfügung zu stellen. Seine Sicherstellung bestand in directen Anweisungen auf die Contributionsquoten von Böhmen, Mähren und Schlesien für die Jahre 1709 und 1710. Eine Forderung von 27,875 fl., die er 1708 für die Feldkriegscasse anticipirt hatte, wurde von ihm weiter begeben[2]). Solche Cessionen waren, da von der Hofkammer keine Zahlung zu erlangen war, an der Tagesordnung. Wertheimer half selber manchen drängenden Staatsgläubiger durch Übernahme seiner Forderungen befriedigen. Hatten doch selbst „der Palatinus Hungariae Fürst Esterházy und Hofkammerrath Vorster dem Juden Wertheimer"[3]) ihre Forderungen abgetreten.

Durch seine Stellung als Hoffactor[4]) des Kaisers und der Kaiserin in steter Verbindung mit dem Hofe, scheint Wertheimer schon früh mit dem jüngeren Bruder des Kaisers, Karl, bekannt

---

[1]) „Und zwar zu 1 per mese für Zinsen und Provision" „Feldzüge" X, 55, 56 Anm. 1. Zu gleicher Zeit wurden von Juden an Österreich ferner geliehen 200,000 fl. von Lefmann Bernatz [d. i. Lefmann Berens] und Söhne in Hannover, 88,200 fl. von Hirschl; auch die böhmische Judenschaft erscheint unter den Gläubigern, ebendas. S. 56. Schon im März 1704 wurde von einem Juden aus Triest in Wien „ein Glückshafen errichtet, von dem man sich 100,000 fl. jährlicher Einkünfte versprach", das. VI, 76.

[2]) S. „Feldzüge" XI, 35.

[3]) Ebendas. S. 34.

[4]) Eine aufschlußreiche Schilderung der Agenden und Pflichten eines Hoffactors enthält das Privilegium, durch das Gabriel Fränkels Erben und Consorten von Carl Wilhelm Friedrich Markgrafen zu Brandenburg zu Hoffactoren ernannt werden, bei S. Haenle, „Geschichte der Juden im ehemaligen Fürstenthum Ansbach" S. 235 ff. Vgl. auch G. Wolf, „Josef Wertheimer" S. 18 Anm.

worden zu sein, der als Erzherzog bereits und später seit 1703 als König Karl III. von Spanien für mannigfache und allezeit bereitwillig geleistete Vorschüsse ihm verpflichtet wurde. Damals ahnte Niemand, daß Karl diese Dienste so bald als Kaiser von Österreich würde lohnen können. Josef stand in seinem 33. Lebensjahre, als er am 7. April 1711 von den Blattern befallen wurde. Das Entsetzen über die gefährliche Erkrankung des geliebten Monarchen war allgemein. Wertheimer und Emanuel Oppenheimer[1]), der Armeelieferant, vertheilten in ihrer Bestürzung Tausende von Gulden an die Armen und selbst an Klöster[2]), um Gebete für die Rettung des Kaisers zum Himmel emporsenden zu lassen; nach zehn Tagen, am 17. April 1711 hatte die tückische Krankheit den edelsinnigen Herrscher in der Blüthe seines Lebens dahingerafft.

Unter denen, die zur Krönung des aus Spanien zurückberufenen Kaisers Karl VI. nach Frankfurt am Main am 22. Dezember 1711 herbeigeeilt waren, um ihre Huldigung dem jungen Herrscher darzubringen, erschien auch Samson Wertheimer mit seinem Sohne Wolf. Karl hatte des auch ihm in Treue ergebenen Hofjuden seines Vaters und Bruders nicht vergessen und verlieh ihm sowohl als seinem Sohne als erstes Gnadenzeichen seiner kaiserlichen Anerkennung eine goldene Kette. Aber er wollte Frankfurt nicht verlassen, nicht früher nach der Krönung seinen Einzug in Wien halten, bevor er Wertheimer die Diplome Leopolds und Josefs bestätigt und ihn zu seinem und seiner Frau, der Kaiserin Elisabeth Christine von Braunschweig[3]), Hoffactor und Hofjuden eingesetzt hatte. Am 5. Januar 1712 unterschrieb Karl das von seinem Reichshofkanzler Philipp Ludwig Grafen von Sinzendorf[4]) gegengezeichnete Privilegium für Wertheimer, in

---

[1]) Über Oppenheimers Lieferungen in den Kriegsjahren 1706, 1707 vgl. „Feldzüge" VIII, 62 f., IX, 55. Für das Truppenmagazin von Preßburg allein lieferte O. 1707 156,000 Centner Mehl und 100,000 Centner Hafer; ebendas.

[2]) S. Schudt, 4 III. Continuation S. 157; vgl. „Feldzüge" XIII, 16.

[3]) S. Arneth a. a. O. 2, 182 f., Behse a. a. O. II, 6 S. 205 f.

[4]) Vgl. über ihn Arneth a. a. O. I, 344 f.

welchem deſſen frühere Diplome wiederholt und beſtätigt wurden;
es lautet [1]):

Wir Carl der 6. von Gottes Gnaden erwöhlter Romb: Kayſer, zu allen
Zeiten, mehrer des Reichs, in Germanien, zu Hispanien, Hungarn, Böheimb,
Dalmatien, Croatien, Sclavonien etc. König Erzheerzog zu Öſterreich, Herzog
zu Burgund, zu Brabant, zu Steyer zu Carndten, zu Crain, zu Lutzemburg,
zu Wirtemberg, Ober und nider Schleßien, Fürſt zu Schwaben, Marggraff des
Heyl. Romb: Reichs, zu Burgau, zu Mähren, ober und nider Laußnitz, gefürſter
Graff zu Habſpurg zu Tyrol, zu Pfürd, zu Kyburg, und zu Görtz, Landgraff in
Elſaß, Herr auf der wündiſchen Marth, zu Portenaw und zu Salins. Bekennen
offentlich für uns, unſere Erben, und Nachkommen mit diſem brieff, und Thun
kund jedermäniglich, was geſtalten unſers in Gott ruhenden HochgeEhrteſt, und
viell geliebſten Herrn und Vatters, Weyland Kayſers Leopoldi Mayt: und Lbbn
seeligſten angedenkens, dero geweſten Ober Factorn Simſon Wertheimber Juden
Verſchiedene Privilegia, und Freyheiten in anſehung höchſt gedacht Sr. Kayſ:
Mayt: und Lbben dem Romb: Reich unſern Erb Königreich und Ländern, wie
auch dem gemeinen Weeſen, und ſonderbahr unſeren Camerali, von demſelben ge-
leiſteten ſehr important und nutzbahren Dienſten, durch ein formbliches Diploma
ertheilt, welche hinnach unſers nunmehro gleichfahls in Gott ruhenden HochgeEhrt
und frdtl: geliebten Herrn Bruders weyland Kayſers Joſephi Mayt: und Lbben
auß ſeinen hierunten angezogenen bewög, Urſachen, nicht allein beſtättiget, ſondern
über daß Ihme Simßon Wertheimber zu dero und Ihrer frawen gemählin Mayt:
und Liebben Oberfactorn, und Hoff Juden reſoluirt, an und auffgenommen haben,
und lauten ſo ertheilte Priuilegien, und Freyheits Diplomata, von wort zu wort
alſo ..... Wan dan auch Wir allergnädigſt erwogen die angenehm, und nützliche
dienſte, welche vor Jahren, als noch Ertz Hertzog, und hinnach als königen in
Spanien offterholter Simſon Wertheimber, mit paren anticipation, und in andere
weeg mit allem eyffer, und Trey gelaiſtet, ſo thanne allerunterthgſte deuotion, auch
gleich bey antritt Vnſerer Kays: Regierung, mit und nebſt Seinem Sohn Wolff
Wertheimber gleichfals dergeſtalten bezeuget, und fortgeſetzt, daß von untz Er
und erſagt ſein Sohn, jeder derſelben mit einer beſondern goldenen Ketten, als
einem Merckzeichen Vnſerer ob ſeinen allergehorſten dienſten ſchöpfenden allergdſten
vergnügung beſchenkt, und begnadet zu werden, verdienet haben; Als haben Wir
auch nicht allein alle obſtehende freyheiten, Priuilegien, und conceſſionen ihn allen
ihren Puncln, und Clanſuln völſtandig gdgſt confirmirt, ſondern gleichfahls ihme
Wertheimber zu Vnſern, und unſerer frawen gemahlin Kays: Mayt: und Liebben

---

[1]) Ben. Res. vom 9. Sept. 1719 und 2. Nov. 1721.

Ober Factorn, und Hoff Juden gdgst resoluirt, an und auffgenommen, dergestalt,
daß Er iederzeit Unser Kays: Ober Factor seyn, sich gegen Uns, und iedermänniglich also nennen und schreiben, auch von uns, unseren Erben, und Nachkomben,
Unseren, und derenselben Cantzleyen, auch sonsten iedermänniglich darfür erkent,
gehalten, und titulirt werden solle. gebietten demnach, und befehlen, allen und
jeden Unseren nachgesetzten geist- und weltlichen Obrigkeiten, was würden, Stands,
oder weesens die seynd, insonderheit aber Bürgermaister und Rath Unserer Residenz
Statt Wienn, und sonst aller anderer Orthen, wo Wir uns etwo mit Unserer Hoff
Statt befünden möchten, gnädigst, und ernstlich, und wollen daß Sie offternanten
Unsern Oberfactorn und Hoff Juden Simson Wertheimber, dann seinen Sohn
Wolff Wertheimber, auch tochter, männer, und Eniklen, mit ihren nothwendigen
leuten, und freynden, welche Sie iederweillen bey ihnen haben werden, wie auch
derenselben Weib und Kinder, bis die priuilegirte Jahr völlig verstrichen, bey
disem unsern Kays: und Lands fürstl: Schutz Patent, gnad, und freyheiten, allerbings unangefochten seyn und bleiben, Sie derselben ruheig freyen, gebrauchen,
nutzen, und genüßen lassen, darwider nicht trüngen, bekümern, beschwären, und
anföchten, noch daß iemands andern zu Thuen gestatten, in kein weiß, noch weeg,
als lieb einem ieden seye, unsere schwäre ungnad, und straff, darzu ein poen,
nemblich 30. Mark löthigen golds zu vermeyden, in welche ein ieder, so offt er
freuentlich hierwider Thätte, verfallen seyn solle, daß mainen Wir ernstlich mit
Urkund dises brieffs, besigelt mit unsern anhangenden Kays: Insigl, der geben
ist, in unserer, und des Heyl. Reichs Statt Franckfurth am Mayn, den 5ᵗ Monats
tag Januarii, in 1712, unserer Reiche des Romb: im 1ᵗ des Hispanien im 9ᵗ und
des Hungar: und Boheimb gleichfahls im ersten Jahre. Carl (L.S.) Ph. Lud. G.
v. Sintzendorf. Ad mandatum Sacrae Caesareae Majestatis proprium. Johann
Georg v. Buol.

Samson Wertheimers außerordentliche und für einen Juden jener
Zeit wahrhaft unerhört einflußreiche Stellung beim Hofe scheint es
denn auch gewesen zu sein, die Prinz Eugen im Auge hatte, als er
bald nach Karls VI. Regierungsantritt die bei aller Übertreibung
denkwürdigen Worte schrieb [1]: „Wir haben fast täglich Beispiele,
daß ein imponirendes Weib und wäre sie auch nur eine Theaterheldin, oder ein listiger Schwarzrock, ja selbst der ehrwürdige Bart
eines ränkevollen Juden das Schicksal ganzer Nationen entscheidet.“

---

[1] S. Vehse a. a. O. II, 6 S. 222 f.

Der kaiserliche Oberfactor und Hofjude war übrigens schon zu Josef's I. Lebzeiten mit Eugen in persönliche Beziehung getreten. Er hatte nämlich das von diesem Kaiser Österreichs größtem Helden verliehene Geschenk[1]) von 300,000 fl. auszuzahlen übernommen. Allein die Noth der Zeiten hatte die Erfüllung dieser Verpflichtung verhindert; die Forderung des Prinzen hatte dem Bedürfnisse des Staates weichen müssen. Als Karl VI. am Schlusse seines ersten Regierungsjahres aus einem Vortrage des Grafen Gundacker Starhemberg von dieser immer noch schwebenden Schuld des Kaiserhauses erfuhr, schrieb er eigenhändig auf das Aktenstück: „Und weil die Zeiten leider nicht zulassen, daß auch ich dem Prinzen meine Erkenntlichkeit nach Verlangen bezeigen könnte, so sollen ihm doch noch hunderttausend Gulden zu der früheren Summe zugelegt werden." Von der Ordnung dieser Angelegenheit und der neuen Schenkung wurde Eugen durch ein Dekret vom 1. Mai 1713 verständigt. Aber erst am 15. Oktober 1714, nachdem der Held, der in so viel glänzenden Siegen sein Feldherrngenie hatte leuchten lassen, auch noch mit dem Ruhme staatsmännischer Überlegenheit nach dem Frieden von Rastadt heimgekehrt war, kam der Vertrag zu Stande, in dem Wertheimer sich verpflichtete, ratenweise die volle Summe der durch Karl erhöhten Schenkung an Eugen abzutragen. Am 1. April 1717, kaum dritthalb Jahre nach Errichtung des neuen Vertrages, waren die viermalhunderttausend Gulden vollständig im Besitze Eugen's.

Auf die Höhe der Creditoperationen, die Wertheimer mit dem Aufgebote seines ganzen Vermögens und Vertrauens für Oesterreich ins Werk setzte, konnte sein Sohn Wolf noch 1762 in seinem Testamente sich berufen. So weist er, indem er den Kaiser und die Kaiserin um Schutz und Beistand für seine Erben anfleht, zum Zeugniß für die Verdienste seines Hauses um den Staat darauf hin, „daß im Jahre 1720 nach erfolgtem türkischen Frieden mein seeliger Vater und ich, wegen der in jenem Kriege geliehenen baaren Geldantizipationen unter den in jenem Jahre in vielen Parteien auf

---

[1]) Vgl. Arneth a. a. O. 2 S. 343.

Stadtbanko angewiesen gewesenen fünf und zwanzig Millionen, mit sechs Millionen mitbegriffen gewesen sind". [1])

Hatte Wertheimer bereits unter den Kaisern Leopold und Josef weitreichenden Einflusses und vielbezeugter Gnade sich zu erfreuen gehabt, so war vollends mit dem Regierungsantritte Karl's VI. eine Zeit für ihn angebrochen, in der eine Begünstigung und Auszeichnung die andere ablöste. Die Gesinnung des Hofes leitete auch die höchsten Behörden, die in der Wahrung seiner Rechte und Privilegien dem Schützlinge und Günstlinge des Kaisers thatkräftig zur Seite standen. Bereits am 15. Februar 1712 wird der Kaiserlichen Hofkammer [2]) „zur nachricht und künfftiger obacht, auch fürkehrung" durch die Hofkanzlei von Wertheimers neuestem, bei der Krönung in Frankfurt erhaltenem Diplome sowie von der Bekräftigung seiner früheren Privilegien Mittheilung gemacht. Er konnte denn auch des mächtigen Schutzes dieser Behörde sicher sein, an die er sich jederzeit vertrauensvoll wendete, wenn es galt, eine Verletzung seiner Privilegien abzuwehren, die völlige Steuer- und Abgabenfreiheit für sich und die Seinen gegen die Anfechtungen der Unterbehörden durchzuführen. Die Hofkammer schützte ihn auch, wenn er zur Leistung von Auflagen herangezogen wurde, die alle übrigen Juden zu entrichten hatten. So erklärt sie ihm gegenüber in einem Dekrete vom 24. Juli 1717, gezeichnet Florian Graf v. Walsegg und Graf Gundacker v. Starhemberg [3]), „daß sein Wertheimers freywilliges negotium mit der respectu der übrigen Judenschaft ex officio Vor-

---

[1]) Aus dem, wie mir Herr L. E. Wertheimer in Wien mittheilt, von David Ottensosser in Fürth übersetzten, ursprünglich hebräischen Testamente Wolf Wertheimer's (München, Sonntag 17. Elul 5522) im Besitze der Administration der Wertheimer'schen Familienstiftungen Wien.

[2]) Ben. Res. vom 28. November 1721, Beilage B. Die Geschichte der weiteren Transactionen Wertheimers mit der Hofkammer ist erst von einer sorgfältigen Erforschung der Wiener Archive zu erwarten. Eine besondere Darstellung dieses Gegenstandes auf Grund des vorzüglich im Reichsfinanzarchive in Wien vorhandenen Aktenmaterials wäre ein verdienstlicher Beitrag zur Creditgeschichte Österreichs.

[3]) Ben. Res. vom 28. November 1721, Beilage F.

genohmenen tractation keine connexion habe.. annebst auch die besondern Priuilegia, welche Er Kayl: Oberfactor durch die noch in vorigen Zeiten, in so unterschieblichen begebenheiten, auch wichtigen verschibl: unb mit so vielfältig großen auf vielle millionen sich beloffenen baaren geldts Summen zu des gemeinen Wesenß höchst angelegenen bienst geleiste anticipationes für sich unb die seinigen erworben unbt überkommen hat, bei der Kögl. Hoff Cammer gar wohl in reflexion gezogen worden sinbt." Wertheimer beruft sich noch 1721 bei Gelegenheit einer ihm widerfahrenen Rechtskränkung barauf, baß ihn bie Hoffammer[1] „in eben bergleichen ereigneten casu per decretum gnäbig zu manuteniren verfichert" habe.

Um die ihm burch bie Privilegien von brei Kaisern verliehenen Rechtswohlthaten auch bei seinen engen persönlichen und geschäftlichen Verbindungen mit Ungarn unverkümmert unb sicher genießen zu können, wurden am 6. Mai 1716 auf sein Ersuchen biese Diplome auch burch bie ungarische Hoffanzlei ihm bekräftigt unb allen ihren Unterbehörden amtlich mitgetheilt. Aber Wertheimer sollte balb noch mit einer Würde bekleidet werden, bie ihn in die engste Beziehung zu Ungarn brachte. Was ihm vorher aus Verehrung von seinen Glaubensgenossen als bebeutungsloser Ehrentitel war entgegengebracht worden, das wurde jetzt zum ersten Male zum Range einer wohl kaum früher jemals vorhanden gewesenen staatlich anerkannten Würde vom Könige erhoben; am 26. August 1717 ernannte[2] ihn Karl VI., der britte von Ungarn, zum ersten ungarischen Landesrabbiner, b. i. zur ersten Instanz in allen jübischen Streitsachen. Zugleich wurden alle Behörden angewiesen, ihm zur Durchführung seiner Anordnungen unb Entscheidungen in allen jübischen Angelegenheiten bie nachbrucksvollste Unterstützung angebeihen zu lassen. Dies ist ber wesentliche

---

[1] Ebendas. Wertheimer habe nur „bei ber universal Bancalität sich geziemenbt anzugeben". Über biese unter Karl VI. 1714 neu errichtete Finanzbehörde f. Behse a. a. O. 7, 107. In einem gebruckten Edicte vom 2. März 1716 (Ben. Res. vom 6. Mai 1716) erklärt Karl, bie „Lanbs-Fürstlichen Schutz ex Speciali Privilegio genießenden Juben" hätten ihre Abgaben „unter bem Nahmen ber Legitimations-Arrhae Jährlich bei ber Bancalitet" zu erlegen.

[2] Ben. Res. vom 28. November 1721 in Abschrift beigeschlossen.

Inhalt der lateinischen Ernennungsurkunde, die den Jurisdictionen
und Ämtern im Lande zur Kenntniß gebracht wurde.

Den Preßburger Behörden scheint es freilich trotz all dieser
Privilegien und ihrer wiederholten Bestätigung durch die ungarische
Hofkanzlei und selbst trotz der neuesten so ungewöhnlich ehrenvollen
Ernennung Wertheimers noch schwer geworden zu sein, seine Würden
anzuerkennen und seine Freiheiten zu respectiren. In schlechtver-
hehltem Mißvergnügen ob dieser Auszeichnung versucht am 9. Oktober
1721 die ungarische Kammer Wertheimer zur Zahlung von 200 fl.
Toleranzgeld zu verhalten, das vor Zusammentritt des ungarischen
Landtags erlegt sein sollte. In dem Schreiben, das diese Forderung
aussprach, wurde er mit Weglassung aller seiner Titel nur als Vert-
haimber Judaeus bezeichnet. Allein Wertheimer war nicht der Mann,
der solche Neckereien sich einfach gefallen ließ. Er hatte die Stellung,
die er einnahm, mühevoll genug und mehr zum Schutze und Wohle
seiner Glaubensgenossen als zur Befriedigung seiner Eitelkeit errungen;
eifersüchtig wachte er daher über die Wahrung der ihm zugestandenen
Rechte; er stand auf seinem Scheine. In einem Gesuche an die
Hofkammer beschwert er sich vor Allem darüber, daß das Schreiben
der ungarischen Kammer ihm „nicht immediate, sondern allerst durch
einen fürstlichen Beambten zu handen aldasiger Judenschafft, umb mir
zu überschücken, den 20. dieses zu khomen ist." „In die 30 Jahre
hero" habe er seine Privilegien „ohne einmahlige Turbirung gantz
ruhig genoßen", fürchte aber, „künfftig hin durch etwann einige
passionirte gemüther" in seinem Frieden gestört zu werden, da man
bei diesem Vorfalle offenbar „gleich aus den von besagter Löbl.
Camer an mich gestelte schreiben, A in der Titulatur muthmaßlich
scheinen will, Verdrüßlichkeit zu zu fügen angesehen, gestalten bey
vorigen 2. mahligen Türkh: alß auch in dem Königreich selbsten ge-
westen Empörung in höchsten necessitäten denen Löbl: Comitäten
baar anticipirt, undt vill hundert Tausend gulden, creditirten geldern
von denen selben durch an mich expressen jedesmahl abgeschickten
Beambten v. Adel eingelangten ersuchungsschreiben vill beßer gewußt
haben." Das heißt zu beutsch, man habe ihn einst in Landesnöthen
gar artig zu suchen und mit den ihm gebührenden Titeln geziemend

anzureden verstanden. Die Privilegien können der Kammer um so weniger unbekannt gewesen sein, als das Decret der löbl. hung. Canzlei „Ihro löbl. hung. Camer selbsten von Meinem Vättern Isaac Arnsteiner [1]) zu deroselbst eigenen händen gehörst in loco behändiget worden. Die Hofkammer geruhe daher, dieser unbefugter auflaag halber" an die ung. Hofkammer eine Vorstellung zu richten. Am 28. November 1721 wird sein Gesuch mit den Beilagen [2]), die seine Privilegien und Ernennungen in Abschrift enthalten, an die Kammer nach Preßburg abgeschickt.

Gleichsam ein Minutenbild Wertheimers aus der Zeit seines höchsten Ansehens ist uns in der Reisebeschreibnng [3]) aufbewahrt, die sein junger Anverwandter, Abraham Lewi aus Horn in Lippe-Detmold, hinterlassen hat. Neben dem unstillbaren Wandertriebe, der in der Kindheit schon sich ankündigte, lockte den Siebzehnjährigen auch der große Ruf seines Wiener Verwandten in die Fremde. „Ein Anfang zu machen, so lautet in deutscher Umschrift seine eigene Erklärung, begab mich dessen halber auf die Reise, mit Vornehmen nacher die kaiserliche Stadt Wien mich zu begeben, um albar einige Gunst und Vortheil bei meinem Herrn Vetter den weitberühmten obersten Hofjud mit Namen R. Samson Wertheim zu erlangen"[4]). In Wien, wo Abraham Lewi, wahrscheinlich durch Vermittelung

---

[1]) Aron Isak, Sohn des Nathan Arnstein, der seit dem 7. April 1727 selbst-ständig in Wien privilegirt war (s. Wolf, „Judentaufen in Österreich" S. 192), verstarb daselbst am 7. Elul 1744; s. „Inschriften" Nr. 389. Seine Frau war Ella, die Tochter Isak Brilin's, die 1756 starb; ebendas. Nr. 433. Ein Sohn Isak Arnstein's starb im Kindesalter; ebendas. Nr. 335.

[2]) Ben. Res. vom 28. November 1721, Beilage A—F. Beilage C und D, welche die Privilegien vom 6. März 1716 und 26. August 1717 in Ab-schrift enthalten haben, fehlen hier.

[3]) S. „Israelitischer Letterbode" X, 148 ff. (herausgeg. von M. Roest). M. Steinschneider hat bereits im „Serapeum" 1864 S. 99 auf diese jüdisch-deutsche in hebräischen Buchstaben geschriebene Reisebeschreibung aufmerksam gemacht.

[4]) „Letterbode" X, 153. Nach S. 157 stammt Lewi's Vater aus Schnai-tach in Baiern.

Wertheimers, bei dem Kaif. Armeelieferanten Abraham Ulmer[1]) 1719 für kurze Zeit eine Anstellung gefunden, hatte er Gelegenheit, die Macht seines großen Familienangehörigen aus der Nähe zu betrachten. Er entwirft von ihm die folgende Schilderung: „Was anbelangt die Juden in dieser Stadt Wien, sein die reichste von ganz Europa. Die vornehmste seinen: erst der große, achtbare, weitberühmte Herr R. Samson Wertenheim[2]), welchen man bei gemeinen Sprüchwort wegen sein große Reichthum den Judenkaiser heißen. Dieser Wertenheimer hat von denen kaiserlichen Soldaten zehn alle Zeit für sein Thor Wacht halten, wormit er sambt viel andere Freiheiten von den Kaiser begnadigt ist. Dieser Wertheimer hat gar viel Palasten und Gartens in Wien, auch hat er viel Güter und Häuser in Teutschland, gleich zu Frankfurt an Main und zu Worms und in viel mehr Platzen. Auch hat er lassen viel Schulen bauen und viel Geld unter die armen Juden in ganz Europa ausgetheilt, ja selbst bis in Polen hat man von sein Geld ausgetheilt, auch in das heilige Land nach Jeruschalajim, alwor er Herr von das Land[3]) genannt wird; und Rabbiner von Ungarn ist. Dieser ist so reich,

---

[1]) Ebendaf. 175 nennt er Ulmer אברם אולמא „Lieferant von Heu", S. 177: אברם אולמר. Nach S. G. Stern's Copie der Wiener Grabschriften Nr. 281 ftarb Abraham b. Simeon Ulmer am 15. Abar 1720. Im gleichen Jahre ftarb sein Sohn Simon; f. „Inschriften" Nr. 338; sein Sohn Isak ftarb 1740 (Nr. 372). Der Familienname wird sowohl auf diesen drei Inschriften als auf Nr. 539 אולמא geschrieben. Die Frau des im jübischen Volksmunde fortlebenden R. Akiba Frankfurt war Frumet, die Tochter Simeon Ulmer's (אולבא); f. Horovitz, „Frankfurter Rabbinen" 2 S. 96 Anm. 2. Über diesen Simon Günzburg f. ebendaf. 1 S. 33 Anm. 1. Isferls b. Mose אולמא, des Fürther Vorstehers, Grabschrift f. bei Wolf, Bibl. hebr. IV, 1174, die seines Sohnes Meïr ib. 1192. Juda Mose אולמא, Isferls Schwiegersohn, war der Gönner Mose's b. Menachem aus Prag, f. זרע קודש (Fürth 1696) Ende.

[2]) S. 174: ר׳ שמשון ווערטינדיים. Auch der Herausgeber des Commentars zur Tosifta מנן אברהם (Amsterdam 1732) Abraham b. Mose Jekutiel Kaufmann nennt Wertheimer in der Vorrede: מדור״ר שמשון ווירטנרדיים וצ״ל.

[3]) Vgl. oben S. 9 Anm. 4. In der eben genannten Vorrede zu מנן אברהם wird Josef Oppenheim, der Schwiegersohn Wertheimers, witzig bezeichnet: וחתנא דבי נשיא א״י שהי׳ אב״ד דק״ק ווינא עיר מלוכה כלילת יופי.

daß er ein jeder von sein Kinder an kontant Geld zum Heirath hat
gegeben zweimalhunderttausend Gulden holländisch, und seinen der
Kinder sechs Kinder. Er ist aljetzund ein alter Mann in die siebenzig
Jahre alt. Er führt sich ein Kleidung gleich ein Polak und hat ein
langen weißen Bart. Er kommt gar oft bei der Kaiser... Fremde
Juden dürfen keine Nacht in Wien bleiben, sonder Erlaub und
schriftlich Beweis von den erstbemeldeten Herren Wertheimber¹)".

Fast unwillkürlich erwacht angesichts der außerordentlichen Stellung des Mannes die Frage, ob Wertheimer Aufzeichnungen aus
seinem an Denkwürdigkeiten so reichen Leben hinterlassen habe. Welch
eine Welt großer und kleiner Züge, kostbarer Erinnerungen zur
Charakteristik der Mächtigen seiner Zeit muß er nicht in den Jahr-
zehnten seiner öffentlichen Wirksamkeit aufgespeichert haben! Was
hätte er, der in einem der bewegtesten Zeitabschnitte der neueren
europäischen Staatengeschichte den bewegenden Mächten nahe gestanden, der drei Kaisern und dem größten Theile der deutschen Fürst-
lichkeiten gedient, mit den leitenden Staatsmännern, Feldherrn und

---

¹) Hier möge auch seine Schilderung Emanuel Oppenheimer's, den
Karl VI. in einem Dekret vom 17. Mai 1715 als „Unser Kaiserlicher Hoff-Jud/
Ober-Factor und jetziger Proviant-Admodiator im Reich" bezeichnet (s. Schudt
a. a. O. 4 II. Cont. S. 161), eine Stelle finden: „Der anderer reiche Jude ist
der Herr R. Mendel Oppenheimer, welcher gleich R. Samson mit zehn
Soldaten bedient wird. Hat auch ein lustig Palas[t] in Wien und noch mehr
Häuser und Garten haußen vor die Stadt, hat auch ein schönen Palas[t] gebauet
in die Stadt Mannheim bei den Rhein. Dieser Oppenheimer ist ein Mann kurz
von Statur, führt keinen Bart, hat auch gar viel Bediente und ist sehr reich. Er
speist alle Tag eine Tafel mit Silbergeschirr vor die armen gleich auch fremden
Juden. Wer nur will, kann hier zur Mahlzeit kommen. Sobald als zwölf Uhr
schlagt, wird die Tafelglock geläutet, so mag kommen, wer nur will, in großen
Saal, hier sein Bediente, die diese Tafel bedienen gleich ihr Herren Tisch. Nach
gethaner Mahlzeit geht ein Jeder, sonder sich zu bedanken, wieder aweg." Man
wird hier an die Beschreibung der fürstlichen Gastfreundschaft erinnert, die in den
Zusätzen zum jüdisch-deutschen צמח דוד (s. oben S. 3 Anm. 1) Samuel Oppen-
heimern, Emanuels Vater, nachgerühmt wird. Daß Emanuel in Frankfurt a. M., wo
er so häufig weilte, kein Haus hatte, erklärt uns Schudt a. a. O. 4 II. Cont.

Großwürdenträgern Österreichs und des Reiches wiederholt in Be=
rührung, ja in nähere Beziehung gekommen war, aus seiner leben=
digen Anschauung und klugen Beobachtung heraus an intimerem ge=
schichtlichen Detail uns überliefern können! Es hat ein starker
Sammelband seiner Aufzeichnungen sich erhalten. Aber es ist ein
stilles Buch, das uns da entgegentritt. Nichts vom Streit der
Könige, vom Glück der Schlachten, von den Helden des Tages, von
der Gunst der Fürsten, von den Geheimnissen der Höfe, von Unter=
nehmungen und Erfolgen. Nicht der Hofjude und Oberfactor, son=
dern der Rabbiner spricht zu uns; seine Memoiren sind — Predigten.
Könige sind hier die Rabbinen, Kämpfer die Geistesheroen der jüdi=
schen Tradition, die Feldherren der Halacha, die Recken der Hagada,
Probleme bietet die heilige Schrift, Räthsel und Widersprüche der
Midrasch, Mysterien die Kabbala, die Waare heißt Thora und ihre
Deutung — Gewinn. Aus diesen stillen Blättern, die den Geschichts=
forschenden enttäuschen, tritt die eigen=, ja einzigartige Persönlichkeit
ihres Urhebers wie sprechend hervor. Was er da in den karg=
bemessenen Augenblicken seiner Muße der Eintragung für werth be=
funden, offenbart uns sein innerstes Wesen, seiner Seele Seligkeit.

S. 29: „Als aber der Wiener Jud Emmanuel Oppenheimer An. 1715 in der
Gasse zur lincken Seithe nach dem Wollgraben zu / wo das alte Tantz-Hauß ge=
wesen / ein ungemein großes und köstliches Hauß von lauter Steinen auffbauen
wolte / zu dessen faveur es ihm an vorschreiben von Wien aus nicht manglete /
ist ihm solches nicht erlaubt worden." Dagegen bezieht sich die Nachricht bei
Schudt ebendas. S. 97 von der doppelten Taxe in Rechtssachen, die Wiener
(„Ben Chananja" 8, 106) auf Samuel Oppenheimer bezieht, auf einen
Frankfurter, wie es in dem Beschlusse heißt: „Oppenheimer Jud zu Franckfurt".
Emanuel rühmt 1709 Mose Meïr Perls im Vorwort zu מגילת ספר. Auf
Elia, den Sohn Emanuel's, als Zeugen für Jonathan Eybeschützers Umgang mit
Löbele Proßnitz in Wien beruft sich Isak, der Sohn R. Meïr's von Eisenstadt,
s. Emben's עדות ביעקב f. 67a: הקצין ר׳אלי׳ אופנהיים · בן כבוד הקצין המנוח ר׳
מענדיל מווינא נ׳׳י. Aus der Bibliothek von Emanuel's Sohne, Samuel Oppen=
heim, stammte das Manuscript der Novellen Jomtob b. Abraham's zu Chullin,
das R. David Oppenheim 1734 in Prag durch seinen Schüler Elia Pudheiz her=
ausgeben ließ. Hiernach ist Steinschneider, Ztsch. f. G. d. J. i. D. 2, 151
zu berichtigen.

Wir wissen jetzt, was seine Wonne und Erholung, was im Kummer
seine Zerstreuung, was seine Begleitung auf seinen Reisen gewesen.
Es war, um ein Wort der Rabbinen zu gebrauchen, ein ganz anderer
Mühlstein, der auf ihm lastete, ohne sein Thorastudium zu ver-
kümmern, es waren die verantwortungsreichsten Staatsgeschäfte,
unter deren Drucke er fortfuhr, im Gesetze zu forschen und das jüdische
Schriftthum zu pflegen. Es ist ein fesselndes Bild, sich den viel-
gewandten Mann zu denken, in dessen Haupte die Sorgen um den
Staatscredit und talmudische Probleme wie geschäftige Bienen durch-
einanderschwirren, kühnausgreifende Finanzpläne homiletische Gedanken
ablösen, der von einem Auftrage seines Kaisers sich an die Erforschung
eines göttlichen Gebotes begiebt, von Starhemberg zu Maimuni den
Übergang findet und beweglichen Geistes von Simon b. Jochai zu
Eugen von Savoyen sich wendet.

Es sind synagogale Vorträge zu verschiedenen Sabbaten und
Festen, wie auch einzelne Entwürfe, Bemerkungen und Erklärungen
schwieriger Midrasch- und Talmudstellen, die der Sammelband [1])

---

[1]) Die Handschrift, deren Benutzung ich der Liberalität des Herrn
Dr. Adolf Jellinek verdanke (s. „Worms und Wien" S. 6 Anm. 5), besteht
aus 239 mit Cursivschrift verschiedener Hände zum Theil dicht bedeckten Quart-
blättern, von denen jedoch fünfzig leere (und zwar 1, 3, 6—7, 17, 20, 26, 28,
31—32, 35—36, 40, 46, 56, 66, 70, 76, 81—84, 104, 111—112, 116—
118, 120, 122, 129, 132—133, 154, 167—168, 171—172, 174, 177—
178, 186—188, 194, 200, 206, 208, 226, 228) abzurechnen sind. Die
ursprünglich losen Bogen wurden später gesammelt, aber offenbar unvollständig
vorgefunden, wodurch an einzelnen Stellen der Anfang, an anderen der Schluß
einer Abhandlung fehlt. Reste früherer Pagination (z. B. f. 97, 105, 163) beweisen, daß einst mehr vorhanden gewesen sein muß. Bei Gelegenheit der neuen
Sammlung wurden diese Aufzeichnungen zum Theil gewaltsam am Faden der
Perikopen aufgereiht, die Vorträge über Stellen aus dem Midrasch zu den fünf
Rollen denen über den Pentateuch angefügt und zerstreute Erklärungen und
Diatriben ans Ende gestellt. Die Inschrift im Pergamentrücken-Schilde des Ein-
bandes in verblaßten Goldbuchstaben: חדושי הנֹ״צ מֹהֹרֹש וירֹשֹוֹחֹוֹיֹים הֹלֹצֹ ist
daher wenig zutreffend. Daß Vieles von anderer Hand nach seinen Vorträgen auf-
geschrieben wurde, beweist die Überschrift f. 57 ª: ב״ח יר׳ א׳ טֹוֹב לֹמֹבֹי מֹיֹנֹי בשמים:

uns vorlegt. Wertheimer war es eben mit seinem Ehrenamte ernst. Wie es ihm am Herzen lag, durch erfolgreiche Creditoperationen die Zufriedenheit des Kaisers und seiner Räthe zu erwerben, so war er redlich und voll dabei, durch geistreiche Predigten die kleine Gemeinde zu entzücken, die in der Synagoge seines Hauses[1] sich versammelte. Aber er hatte es nicht auf das geistige Kampfspiel, auf den Kitzel des Scharffsinns allein abgesehen, auch schonungslose Geißelung ein- gerissener Mißbräuche, ethischer Zorn und strafende Stachelworte begegnen uns in seinen Reden. Die Culturgeschichte mag es ver- zeichnen, daß er bereits mit geistvoller Anlehnung an Schrift und Überlieferung eine Strafrede gegen den Besuch der „Kaffé-

---

ופלפלת כל שהוא ששמעתי מפה מפיק מרגליד' אמ' הגאון אבד מהרד' שמשון נרו שבת ר"ח אייר. Die Bogen stammen aus verschiedenen Jahren, nach den spärlichen Datirungen, die sich darauf finden, von 1705 bis 1717. Von lebenden Zeitge- nossen wird darin nur R. Wolf Schiblow angeführt; bei der Behandlung der Frage, wieso der Bund auf Sinai auch die Generationen der Zukunft verpflichten konnte אף שהיו שם הנשמות איך שתעבדו הגופות לקיום התורה והמצות, findet sich nemlich f. 51a die Randbemerkung: נשאלתי על כבה ממהדר' ואלף שידלאב. R. Meïr b. Isak Responsen III Vorwort sagt von ihm: הרבני המופלא מהור"ר ואלף שידלוב ז"ל. Nach Josef Isachar b. Elchanan war Wolf der Sohn des Landesältesten Aron von Lissa, dessen Vater Isak Kulp als Rabbinatspräses in Frankfurt a./M. wirkte; Aron war um 1680 Josef's Gönner. Als solchen preist ihn dieser 1701 in שלשה שריגים, wo er [f. 5b—6b] eine talmudische Erklärung Wolf's verewigt: ברם זכור אותו איש חשוב האלוף המרומם פ'ץ הקהלה והמדינ' מוהר"ר אהרן פרנס זצ"ל מק"ק ליסא במדיניות פולין גדול בן הוותיק הרב מוח'דר יצחק קולפא זצ"ל שהיה ראש וראשון לב'ד הצדק שבק"ק הירמבכ'רט למיין ... וזכה לעדות לו בן ת"ח ממלא מקומו שהוא חכים אף שהוא יניק ח"ה מוה'דר ואלף שידלוב.

[1] Abraham Lewi berichtet von den Wiener Juden („Letterbode" 10, 175): „Schuhlen hat jedweder in sein Haus." Auf f. 65ᵃ der Vorträge findet sich denn auch der Vermerk: ער"ח חשון תס"ץ בב"ה של י. Von Wertheimers Predigten an den Festen scheint auch Mose b. Menachem aus Prag in der zweiten Vorrede zu ויקהל משה zu sprechen: ותראנה עיני כמה פעמים אשר דיירתי בווינא, בימים הנוראים וראיתי כבודו ושמעתי חכמותיו ורצונו לשות משפט וצדקה, obzwar diese Äußerung auf die stadtbekannte Klugheit, Weisheit und Recht- schaffenheit Wertheimers bezogen werden kann.

häufel"¹) entwerfen mußte. Doch ist nach der Weise seiner Zeit
auf die Lösung von Schwierigkeiten, die Aufhellung von Dunkel-
heiten im alten Schriftthum, aus der dann ein ungeahntes neues
Licht auf das Bibelwort strömt, sein Hauptaugenmerk gerichtet. Ge-
wöhnlich ist es eine räthselreiche Midraschstelle, von der er sich gleichsam wie von einem Schwungbrette in den Strom der Discussion stürzt.
Zur Lösung der einen Schwierigkeit wird aus anderen Stellen eine
zweite, dritte und noch mehr aufgeboten, eine Dunkelheit hilft die
andere lichten.

Als gefeiertes rabbinisches Oberhaupt pflegte er auch in seinem
Gotteshause die Todtenklage beim Heimgange berühmter Rabbiner
zu erheben. Eine Probe von dieser Art seiner Beredsamkeit ist uns
in der Predigt erhalten, in der er den Tod R. Simcha Kohen's und
David b. Israel's²), des Rabbiners von Trebitsch in Mähren, des

---

¹) Der flüchtige Entwurf f. 179ᵃ lautet: תוכחה · הדרלכים אין קאפ"ע
הייזל זיכר השכירי הזיקן, ומהדרי' אימה [Deut. 32, 25] ויריד דבר ד' אלי שנית
לאמר, ירמי', מה אתה רואה ואומר סיר נפוח אני רואה [Jer. 1, 13] וב' ופי' הספרי
פנים מאירות ואני אקנ[יא]ם בלא עם, ע"ש (vgl. R. Meïr b. Isak's Responsen
II, Nr. 62). Ebendaselbst findet sich ein ausführlicherer Entwurf einer Straf-
predigt: תוכחה על לא תקיימו פאת ראשיכם. F. 160ᵃ lesen wir nur die Verse Jes.
54, 13—17 mit Hervorhebung der Worte ח'ירש פ"פה ב'אש פ"רם und der
Überschrift: [Nikolsburg] ישטי' נר — תוכחה מ' ק'ק נ"ש.

²) Die Predigt, die das bekannte Thema von den „Strafen aus Liebe"
(יסורין של אהבה) behandelt und Synhedrin f. 101ᵃ — (irrthümlich — צא') zum
Ausgangspunkte nimmt: יו' ב' ד' חשון תקה"ל [משחלה ר"א], hat die Überschrift:
דרשתיו על הספיר' דגאוני ארץ אבד מהר"ר שמחה כ"ץ ואב"ד מהרר"ד וצ"ל
מק"ק טריבטש. Dank einer Mittheilung des Herrn Rabbiners Dr. Samuel
Pollak in Trebitsch an meinen Schwager Dr. J. H. Oppenheim in Brünn
kann ich aus dem im Jahre 1732 geschriebenen Memorbuche der Gemeinde Trebitsch
das Seelengedächtniß des Mannes, der 41 Jahre daselbst Rabbiner gewesen
und im Alter von 90 Jahren im Oktober 1717 verstorben ist, im Wortlaute
hierhersetzen: אל מלא רחמים, יושב בגבהי מרומים, הממציא מנחה נכונה, תחת כנפי
השכינה, נפש נענה תשביע, מזיו כבודך עליו תופיע, רוח מלפניך ירעצף, מים
הדידוים בל ישתוקק, נשמת המתורה בלי כתמוה, כבוד בת מלך תהיה פנימה, נשמת
אדונינו מורנו הרב הגאון הגדול זקן ושבע ימים, מוריגו ורבינו מוהרר דוד בן מורנו

4*

Schwiegersohnes des hochgefeierten mährischen Landesrabbiners Menachem Krochmal und Schwagers R. Gerson Aschkenasi's, betrauert.

Der Reichthum an Wissen, der sich in seinen synagogalen Reden entfaltet, wäre an sich bereits bemerkenswerth, er wird aber staunenerregend, denkt man an den vielgeschäftigen Banquier, der ihn ausbreitet. Mag auch, wie natürlich, der Grundstock dieser Gelehrsamkeit in der Jugend erworben sein, so verdient doch die Energie

---

חרב רבי ישראל אשר פעל ועמל לילות כימים, תורה אור הטיר השתר לפני כל
יקומים, חבר גדיא דבדיא, שקר חדים בטורי קרדא, בכל חתלמוד טצם בקיאותי,
לא נמצא תמורתו, ידו בכל משלת, בנסתר ובנגלת, רב פעלים קיבץ ורידגא תלמידים,
תורתו צלחה גם עשתה פרי ויגמול שקדים, זיו כבודו האיר עליו ארבעים שנה
ואחת עד לצד״ת למצוא חשבון [= חשון] כיטל יקריטו בן תשעים לטוח שידתו
ועליתו לא נבל, צניק תפארתינו מאתו נחבל חבל, בזמו חתן שכרו, ימצא
רגיעתו וסברו, דרך המלך תתחלכנת, ובחדרי טינג תענגגת, דביר היכלך תביאנת,
אף בשרו לבטח ישכון, בדיי תנחדית בנחת תכון, ולא יחם לו, לפניו תתחלך
מפעלו, ויכסהו בבגדים ומחלצות נאים, מעשות צעצועים, זכרותו עליך יגן, לחדית
למחסה ולמגן, עד קץ הימין, דוד ינגן בטטור, וייגג אל הצטור, יסד על משכבו
בשלום, עד כי יבוא חלום, משיח אלקי יעקב, ודרת לטישור העקביב, ועמדו רגליו
על חר הזיתים, יציצו וירפרתו חמתרים ונאמר אטן. Am Fuße dieses in großen
Quabratbuchstaben geschriebenen Gebetes finden sich in Cursiv die ungenauen
Angaben: אל מלא רחמים לאדזרט מוריט ח״ח הגאון חרב חמופלא חזקן חתסיד
והתזדור והקדוש במוח״ר דוד ז״ל מווינא, אשר חיה אב״ד ור״מ פח קחלתינו
יע״א קרוב לחמשים שנת ונתבקש לישיבת של מעלת בשיבת טיבח בן מאת שנח
זכרותו יעמד לט. In einem alten Gemeindebuche unterzeichnet dieser Rabbiner:
נאם הקטן דוד מווין ולע״ע פח ק״ק טריבטש. David b. Israel stammte aus
Wien, wie er z. B. auch die Approbationen zu כלת דיונת (Fürth) zu ויקרל משדה,
פרח לבטן (Sulzbach 1707) und מהדורא בתורא של עבורת בורא zu (1694),
דוד במטור״ר ישראל איטרל[ס] זלה״ה מוויון selber unterschreibt: (Berlin 1712).
In der Approbation zu נחלת שבצח II (Fürth 1712) nennt er sich selbst: חתן
חרב הגדיל חמטורסם מאור חגולה נ״י פ״ח בעל חמחבר השובה צמח צדק. In
den Responsen seines Schwiegervaters ist Nr. 86, 91, 92, in denen seines Schwagers R. Gerson Nr. 95 an ihn gerichtet. Vgl. Landshuth, „Onomasticon" 187
und Gastfreund, „Die Wiener Rabbinen" 71 Anm. 37. Sein Vater starb
1740 in Wien („Inschriften" Nr. 124) und ist wohl jener „Israel Isserl, Sohn
des Rabi Zacharias von Eisenstadt" den eine Wiener Urkunde von 1626 nennt
s. D. Oppenheim in Letteris' „Wiener Mittheilungen" 1855 S. 114.

und Zähigkeit Bewunderung, mit der dieses geistige Capital erhalten
und erhöht wurde. Die heilige Schrift sammt ihren Auslegern, die
Welt des Talmud und seiner Erklärer, Glossatoren und Decisoren,
Responsen und Novellen, die Quellenwerke der Hagada, alter und
jüngerer Midrasch, und das Heer der Prediger, die Grundbücher der
früheren wie der späteren Kabbala [1], Alles berücksichtigt er, Alles
weiß er mühelos und ohne Zwang aus der Fülle einer an den
Quellen getränkten Gelehrsamkeit heranzuziehen und seinem Zwecke
dienstbar zu machen. Nur selten sehen wir ihn dem Buchstabenspiele [2],
dem Geschmacke seiner Zeit, huldigen, im Ganzen verräth sich bei ihm
das nüchterne Denken, eine gesunde Richtung, die Fragen stellt die
Logik, die Antworten liefert aus dem allezeit vollen Speicher seines
Wissens der Scharfsinn.

Es sind daher nicht Titel auf Credit oder gar dem Reichthum

---

[1] F. 114ᵃ bemerkt er allerdings: מדרש פסיקתא׳, אמר ר׳ יוסי עתיד הקב״ה
להאיר עיני הצדיקי׳ מזיו אורו בשבע אורי׳ שנ׳ שובע שמחות את פניך (Pf. 16, 11)
אל תקרא שובע שמחות אלא שבע שמחות, ע״כ. לכוונת המאמר ודאי יש דברי
הסתר למה דוקא שבע ולא פחות ולא יותר, אמנם אין לי עסק בנסתרות,
הנסתרות לה׳ אלקיט, והנגלות לנו ולבנינו עד עולם לא ינתק חוט המשולש.

[2] So schließt eine besonders gehaltreiche Predigt über Israels Vertrauen
auf seine Erlösung zum Wochenabschnitte בשלח mit folgenden Bemerkungen f. 110ᵇ:
ואפשר דלכך אמר גוי צדיק (Jef. 26, 2) לפי שצריך אדם לומר בכל יום צדיק
[90 =] אמנים ה׳ קדישים ומאה ברכות, הה׳ חתרמוזים במלת צדק׳ה, וזהו ויבא
גוי צדיק נגד צ׳ אמנים, או ר׳ל שאמר גוי צדיק הוא על גאולה עתידה דאי׳
בפר׳א [c. 48] ה׳ אותיות שנכפלו בתורה הם יסוד הגאולה, כ׳ך בו נגאל
אברהם מאור כשדים שנ׳ ל׳ך ל׳ך (Gen. 12, 1), מ׳ם בו נגאל יצחק מפלשתים
שנ׳ לך מעמנו כי עצמת ממנו [מאד] (daf. 26, 16), נו׳ן בו נגאל יעקב מעשו
שנ׳ הצילני נא מיד עשו (daf. 32, 12), פ׳ה בו נגאלו אבותינו ממצרים שנ׳
פקד יפקוד וכ׳ (daf. 50, 25), צ׳ץ בו עתידי׳ להגאל שנ׳ הנה האיש צמח
שמו ומתחתיו יצמ(ר)׳ח (Zach. 6, 12), ופפ׳ץ שמעתי פי׳ הפסוק מכנף הארץ
זמירות שמענו צבי לצדיק (Jef. 24, 16) ר׳ל מאותיות מכנף שהם ד׳ אותיות של
מ[נ]צפ׳ך זמירות שמענו, שכבר עברו הגאולו׳ שנרמזו בהם, צבי ר׳ל צבעוני,
לצדי׳ק עדיין אנו מצפים, לגאולה העתידה שהוא מצמח צדיק, לכ׳א ויבא גוי
צדי׳ק דוקא, ע׳י שהוא שומר אמוני׳ מאמין בהקב׳ה שיקיים הבטחתו במה שאמר
אמן, וזהק.

und bem Einfluſſe des Mannes huldigende, beſtochene Schmeicheleien[1]), wenn wir ihm, der in der Sphäre des Handels und des Geldmarkts ſich bewegte, die höchſten Ehrennamen verleihen ſehen, die ſonſt die Synagoge nur den Depoſitaren der Tradition, den Heroen ihrer nationalen Gelehrſamkeit vorzubehalten pflegt. Unbedenklich und all= gemein begleitet ſeinen Namen der Titel Gaon[2]), der von den Schul= häuptern Sura's und Pumbabita's ſich herſchreibt. Um ihn ge-

---

[1]) In einer Predigt über das Richteramt in Iſrael und gegen die Käuflich= keit beſſelben wendet er witzig das Wort an f. 202[b]: ושלא יאמרו הבריות דבר תר׳/רה: מט׳/ת קומת.

[2]) הגאון oder הגאון המפורסם heißt Wertheimer auf den Grabſchriften ſeines Schwiegerſohnes „Inſchriften" Nr. 424, ſeiner Söhne Nr. 462, 467 und ſeiner Enkelin Nr. 533 = 697. הרב הגאון המופלג אלקפתא ורייש גלותא nennt ihn das Seelengedächtnißregiſter der Gemeinde Wien; f. „Worms und Wien" S. 10. Kein Geringerer als R. Jaïr Bacharach bezeichnet ihn über der Approbation zu הגאון המופלג המפורסם als דיקהל משה Moſe b. Menachem in חות יאיר a. a. O. preiſt ihn als: הגאון המפורסם מ׳ה ע׳י מ׳ י השותדלן הגדול כ׳ש האלוף הרחמם . . . אורי דבי עילא[b] [Chullin 59[b]] לא כחל ולא שרק ולא פרכם ויעל׳ חן רבא דעמ׳ [Kethub. 17[a]], מדברי דאומת׳ בוציינא דנהורא Meïr b. Iſak aus Eiſenſtadt im Vor= wort zu הרב הגאון הקצין והנגיד כבד מהור״ר שמשון als: פנים מאירות I und ebenſo ebendaſ. auf dem Titel des Commentars zu זבחים als: וריוא נר״י הנגיד הגאון הקצין המפורסם מהור״ר שמשון וריוא נר״י, wie er ihn auch in ſeinen Gut= achten z.B. II Nr. 61: הגאון המפורסם בדיוח כבד׳ מן שהשמעתי מה גדולה קושי׳ מוהר״ר שמשון וירטא נר״י nennt und anredet, beſſen Enkel Eleaſar Kallir (ſ. Zipſer in „Ben Chananja" 8, 60, 83 ff.) im Vorwort zu אור חדש II: נשיא בא״י תוב׳/ב הרב הגאון הגדול המפורסם ממזרח שמש עד מבואו בתורתו וגדולתו לעד עומדת צדיקתו, הגאון המאור הגדול המפורסם als: בגדי אהרן Juba Löb Teomim im Vorwort zu טור ברקת׳ Salman, אופן אחד בארץ בעל כנפים· חכמה ודעת חלק לו ה׳ בכפלים מטה קדוש הטר הגדיל בישראל הגאון als: נהלת יעקב Leipnik im Vorwort zu המאור הגדיל המפורסם כערוגות הבוש und nach ſeinem Tode noch Abraham b. Moſe Jeſ. Kaufmann im Vorwort zu מגן אברהם als: הרב המאור חגאון המדה Abraham b. Moſes Glogau führt in ſeinem Commentar zum Midraſch הגדיל. ובדירותי ביניך münbliche Erklärungen Wertheimer's mit den Worten an: זרע אברהם שמעתי פי׳ ה9מדרש מן הגאון המפורסם מוהר״ר שמשון נר״י; ſ. Gaſtfreunb a. a. O. 103 und zu Eſther r. g. E. Über die Seltenheit des Titels הגאון in jener Zeit ſ. [M. Straſchun] המגיד 2 S. 179 Anm. 4.

bührend zu preisen, ging man in die Tage R. Jehuda des Fürsten
und R. Aschi's [1] zurück, seit denen so außerordentliche Vereinigung
von Wissen und Reichthum in der jüdischen Gemeinschaft nicht wieder
vorgekommen sei.

An ihn und an den rabbinischen Gerichtshof, in dem er, um
den Glanz seines Lehrhauses zu heben, und zur gewissenhaften Verwaltung des Landesrabbinates Männer von anerkannter talmudischer
Gelehrsamkeit um sich versammelte, ergingen Anfragen von nah und
fern, auch aus fremden Ländern. In diesem Gerichtshofe begegnen
wir 1710 [2] Alexander b. Menachem Halewi, Rabbiner in Proßnitz,
Chajjim b. David Pisk, Rabbinatspräses in Nikolsburg, und Abraham
Epstein, Rabbiner in Rechnitz. Später fungiren, besonders in den
Agenden des ungarischen Landesrabbinates als Assessoren und Dele-
girte neben Wertheimer Jakob Elieser Braunschweig aus Kanitz in
Mähren und Simon b. Juda Löb Jalles aus Krakau [3].

---

[1] Jaïr Bacharach schreibt a. a. O.: סילמות רב אשר עדיין לא נמצא תורה וגדולה
במקום אחד דוגמתו כי אין חקר לכך]רבן[נתו und im Wiener Seelengebächtniß
Wertheimers heißt es von ihm a. a. O.: ומרימות רבי ואילך לא נמצא כמוהו תורה
וגדולה במקום אחד [אחר] היה בדורו דור ודורשיו דרש טוב לעמו עם ועם מדינה
עליו נאמרה. Auch über seiner Approbation zur Alfâsiausgabe heißt es: ומדינה
תורה וגדולה במקום אחד.

[2] S. RGA. Isak Seckel Etthausen's, eines Verwandten Wertheimers,
שאלה להגאון המפורסם אט״ב מוהר״ש ור״ח מווירנא · · בקרב · · · אור נעלם Nr. 27/8:
היכלו כולו אומר כבד אט״ב הגאון אב״ד הישראלי כמוהר״ר שמשון נרו יאיר ויזרח
המאיר בחכמתו כל פני הזורח · · ואחרי שידוע ומפורסם כי הוא עמוס תהלאות
ואפשר שיכבד עליו הטרחה בקשתי לצוות לחרבנים מדולגי׳ דבי מדרשו לעיין בדברי.

[3] Nach Urkunden des sog. schwarzen Buches in Eisenstadt. מנחם מענדל
במוהר״ר אלכסנדר הלוי ז״ל, wohl der Vater des Proßnitzer Rabbiners, unterzeichnet 1694 die Statuten von Kremsier (nach der HS. der תקנות שי״א in der
Bibliothek der Landes-Rabbinerschule zu Budapest; vgl. G. Wolf, „die alten
Statuten der jüdischen Gemeinden in Mähren" S. 114), מנחם מענדל ב״מ יהודא,
bie von Ung. Brod 1701 (ebendas. und Wolf S. 122). ל״ז ברייונשווייק ליב
לקט שמואל citirt Samuel Phöbus Cohn מקראקא יאלים ליב חתבר f. 62ª. Über
Epstein s. „Ben Chananja" 7, 489 f. Bei dem Vorsteher Simon יאליש in Krakau
ist Elieser Lipschütz, Rabbiner von Reuwied, erzogen worden, s. dessen Vorrede zu
משיב ר׳ אליעזר.

1709 konnte sein langjähriger Sekretär und Vertrauensmann Mose Meïr, Sohn Eleasar Perls' aus Prag [1]) von ihm rühmen, daß die Mehrzahl der großen Gemeinden in Israel ihn zu ihrem rabbinischen Oberhaupte ernannt habe.

Und noch einen anderen Höhenmesser rabbinischer Autorität giebt es für jene Zeit, das sind die Approbationen, die Autoren und Herausgeber als Empfehlungsbrief sowohl wie zum Schutze ihres literarischen Eigenthums gegen die Freibeuterei der Nachdrucker von einzelnen hervorragenden talmudischen Größen zu erbitten pflegten. Solche Bittgesuche sind denn auch an Wertheimer in Fülle gelangt, aber er war zu stolz, mit der Flagge seines Namens leichte Waare zu decken, und zu bescheiden, wahrhaft bedeutenden Leistungen gegen= über durch die verlangte Billigung und Anerkennung den Schein anmaßlichen Überlegenthums auf sich zu laden. Nur in spärlichen Ausnahmefällen verstand er sich dazu, eine Approbation zu ertheilen, aber auch dann nur wegen zwingender Veranlassung und nach wieder= holtem Drängen. So z. B. kann er dem kabbalakundigen, von R. David Oppenheim und dessen Wiener Verwandten, Samuel dem Hoffactor Allen voran, aufs Thatkräftigste unterstützten R. Mose b. Menachem aus Prag [2]) nicht widerstehen, der nach dem großen Brande

---

[1]) פאר הגוילה נזר ישראל גדול בישראל :Vorrede .(Prag 1710) מגילת ספר) שמו הגאון המפורסם המהולל הגדול נשוא פנים כ״ אבד האב״ד ברוב קהילות מדינות ישראל ונתן צבי צביוט בארץ החיים נשיא בצפת עיר הקודש תוב״ב במהור/׳ר שמשון וורטהיים נר״ו אשר חייתי ראיתי באמן ביתו לחיות עומד ומשמש לפניו ודולה ומשקה מתורתו לאחרים כמה שנים ומשך עלי חוט של חסד מאז ועד עתה. Perls, einer altangesehenen Prager Familie entstammend, war mit hervorragenden Rabbinern seiner Zeit verwandt, so mit Saadja Jesaja Katzenellenbogen in Me= seritz (s. dessen Approbation), mit Gabriel Eskeles in Nikolsburg (f. 9[d]), mit Jacob, dem Enkel Feiwel Duschenes', in Prag (f. 12[b]); er starb nach S. Hock's Notizen Sonnabend 20. Adar I 1739. Sein Freund und Leidensgenosse in Nußdorf vor Wien am Purim des furchtbaren Winters 1709, Banet, Sohn Manes Nachod's st. Nisan 1742 (ebendas.).

[2]) Auf dem Grabsteine seines 1742 in Prag gestorbenen Sohnes Jakob Josef heißt der Autor des מסרה משה Mose Neustadtl (nach S. Hock's Notizen). Die Approbation zu ויקהל משה ist vom 27. Tammus 1695 datirt. Der Hinweis

von Prag in Nikolsburg in Mähren eine zweite Heimat gefunden hatte. Aber auch hier entschuldigt er sein Auftreten in tiefer Demuth, könne man doch füglich fragen: Gehört auch Saul unter die Propheten?[1] Nur unter heftigem Sträuben, wie von unverdienter Ehre bekommen, ist er dazu zu bewegen, dem greisen R. Jaïr Bacharach, wohl weitaus dem gelehrtesten Rabbiner im damaligen Deutschland, dem Onkel seiner Frau, die verlangte Zustimmung zu dessen epochemachenden Responsenwerke[2] zu ertheilen. Ebenso zaghaft und nur unter ausdrücklicher Berufung auf seine Verpflichtung gegen seinen verstorbenen Gastfreund Kalman Kohen approbirt er den Söhnen desselben, Salomon zum Kranich und Abraham zum Falken in Frankfurt am Main, 1699 ihre Ausgabe des Alfâsi[3]). Seltsam contrastirt

---

auf die Stelle im Wochenabschnitte Deut. 3, 8 deutet wohl witzig auf die populäre Darstellung der Kabbala in diesem Buche, die Entreißung dieses transcendentalen (מעבר) Gebietes aus der Hand der zwei Könige Luria und Cordovero. Den Prager Inquisitoren erscheint 1712 das Buch „lasterhaft" und „schändlich", s. „Hebr. Bibl." 6, 36. Gleichwohl wurde es 1799 noch fleißig gelesen, s. Eleasar Fleckeles' אהבת דוד f. 19ª. In seinem זרע קודש nennt sich Mose b. Men. kurzweg Mose Preger. Aus מפראג ist bei Roest I, 872 irrthümlich der Autorname Graf entstanden.

[1]) Ebendas. וחנני ירא לגשת · במקום גדולי׳ אשר בימיהם לא נראה קשט · כי צריק נבל אני וחציר יבשת · וחנני נרתע לאחורי ופני נגד רבי ואברי .בכנפות ונכנסים נרתעים · שלא יאמרו הגם שאול בנביאים Ebenso äußert er in der Approbation zu חות יאיר: ויצאתי מגדר השתיקה במקום שיפה מדיבורי ודין דלא שיפטמר החושב את שאינו חשוב לבלתי יאמרו הגם שאול (ה)[ב]נביאים.

[2]) Die Approbation zu חות יאיר datirt vom 15. Schewat 1699. Tag und Jahr bezieht er geistreich auf den Namen und die Bedeutung Bacharachs: ר״ח לאירל אילנא רברבי ען חדעת ועץ החיי״ם שנת מהורר״ח לפ״ק, wie denn auch das Ganze von Anspielungen wimmelt, z. B. אמרות ה׳ טהורות גלוי וידוע שלא לכבודי עשירי · כידוע: oder :למוצאים מצא חיי״ם בכריך ותנ״ לכל שבאלח לא חפצתי ולא נסיתי · אלא מפני חיבת הקודש חיב״ת יאי״ר פניו אור פני חיים אשר הכל חייב׳ין בו · הוא מחותני הגאון המפורסם מרבנן קשישאי קשיש פשמן ודרימן.

[3]) Die Approbation, die vom 29. Siwan 1699 datirt ist und sinnreich auf den Vers im Wochenabschnitte Num. 17, 5 zum Schutz vor Nachdruck hin-

in diesen Briefen die abwehrende aufrichtige Bescheidenheit des Mannes mit der aus seinen Worten mächtig hervordringenden reich= bezeugten Gelehrsamkeit, die aus dem Vollen schöpft und aus Elementen des gesammten jüdischen Schriftthums sich ihre Sprache zaubert. Immer witzig und anspielungsreich[1]), nähert sich besonders in der Approbation für R. Jaïr Bacharach sein Ausdruck dem vor= züglich durch R. David Oppenheim[2]) zur Blüthe, aber auch zur Überreife gebrachten kaleidoskopartig unruhigen talmudischen Musiv= stile, der wie mit einem Ringelreigen geflügelter und flügellahmer Citate den Leser betäubt; die Sätze sind fertige bekannte und ent= legene Stellen aus dem Talmud, die sich verschränken und verketten, weil das Prädikat des einen im nächsten als Subjekt auftritt, Ringe gleichsam, an denen der Gedanke sich fortgreifend weiterschwingt.

Aber Wertheimer stellte nicht nur seinen Geist und sein Wissen,

weist, beginnt: לחדידיא קשט אמרי אמת יחגה חכי׳ שמיים עמדתי על דעתי דעת חלושה׳ מנעתי ידי מלבא חתום על שום כתבו מליצה למחדירין בן המחדירין ׳ ובמרטי לחית סניף או סעיף למחברי ספרים באריח הסכמת, כדיך בעל חובבי׳ לסמיכה סמוך אע׳׳פ שאיני נראה ׳ אך לאפושי גברא דליח בהון צריך ׳ ושם גריל וקטן אחד ׳ ואני בשפלותי שפל ערך אנשים תמיד כמחריש מקום שמחיקוחי יפח מריבורי אך חלק חעניין לאחר מעיר ושנים ממשפחה חם משטוני בעבורות האחבה חוץ למקומי וחוץ לזמני ע׳׳י חכרון ׳ דיל קרי בחו׳ ׳ זולתם לא שמעתי לשום מבקש וקרנן אחרי בדבר חזה ׳ אמנם בזכרי ימי קרם בשבתי על סיר הבשר בשרא שמינא (Baba b. 22ª) אפתורית דדהבה אצל חקעני פרנס וסנדריג חכם ועכו בר אורריין כמחלי׳׳ר קלמן כ׳׳ץ זכרונו לברכה ׳ לא אוכל למטע את ידי מזרעו מבקש מאתי חסכמ׳ חחי׳ על הדפוס אשר חחלי. Über Kalman Kohen ben älteren f. Brüll, „Jahrbücher" 7, 156 Anm. 3.

[1]) Vgl. am Schlusse der Approbation zu חות יאיר die allerdings auch sonst vorkommende Warnung gegen Nachdruck: כל יתר כנטל דמי דיט׳׳ס המרובה ׳ וידי׳ לחם לבדם ואין לזרים oder zur Elsäßausgabe im gleichen Sinne: לא דיטס׳׳ח אתם ׳ חרמי כהן אין מריון אלא ניתנין לבהן ׳ וכל זמן שהן בבית הבעלים חרי תן כתקוש לכל דבר. Das der süddeutschen Aussprache so natürliche Wortspiel דרך הלצדא — ר׳׳ם ומשלם erscheint in seinen Predigten zweimal als Mnemonikon — לסימן — f. 97b, 102b, beidemal freilich mit Bleifeder durchstrichen.

[2]) Treffend wie immer bemerkt bereits Asulai von Oppenheim's Stil s. v.: שם חגדולים ולשוט שלשלת גדולה מלשון תלמד. Vgl. auch Sen. Sachs המגיד 4 S. 30.

sondern auch sein Vermögen und seinen Einfluß in den Dienst des jüdischen Schriftthums und seiner Pfleger. Als Abraham b. Juda, Prediger in Nikolsburg, das große Novellenwerk seines Vaters Juda b. Nisan, für dessen Herausgabe der mährische Landesrabbiner David Oppenheim seine mächtige Familie in Wien und Hannover zu gewinnen wußte, zum Drucke befördern wollte, war es Samson Wertheimer, dessen ausgiebige Unterstützung das Schicksal des Buches entschied[1]). Ebenso bewährte er sich, in edlem Wetteifer mit Samuel Oppenheim und dessen Söhnen, als fürstlicher Mäcen bei der Herausgabe der Responsensammlung[2]) R. Jaïr Bacharach's. Wie sehr ihm das geistige Erbe hervorragender Gelehrter am Herzen lag, das bewies er, als er die Sammlung und Drucklegung des Nachlasses R. Gerson Oulif's[3]), seines Amtsvorgängers in Wien zur Zeit der Judenaustreibung, der als Rabbiner von Metz 1693 verstarb, im Verein mit dem Schüler des großen Meisters, R. David Oppenheim, auf das Angelegentlichste förderte[4]). In pietätvoller Erinnerung an

---

[1]) Zum Schlusse seiner Vorrede zu ברית יהודה (Dessau 1698) erklärt der Sohn des Autors, der in dieser selbst die Verdienste R. David Oppenheims und seiner Angehörigen um dieses Buch preist: ואריים קולי׳ כסוס/ר לשגר כוס של ברכה לחרב חמופלא ומופלג אב/ד המפורסם מוהר/ר שמשון נרו אשר ארזן מושבו בעיר מלוכה וויכ/א · ומצודתו פרוסה על מדינות הגר · המקו׳ יהי׳ בעזרו · יען אשר גמל אתי טוב ורהבה לחיטיב ומצוח נקראת על שמו · שהוא הגוטר ומן הראוי לברך עליו על הטוגמר · ואגב חשיבתי׳ קובע ברכה לעצמו · שהויל כסםו בהלואות חן חן חן לו חוא וזרעו כל הימים אמן.

[2]) Über der Approbation heißt es: וגם עזר לי בכמה מנים בהוצאות הדפוס. מנים מפנים שונים. Der Dank an die Familie Oppenheim steht am Schlusse des Buches.

[3]) Vgl. über R. Gerson Aschkenasi Oulif M. L. Kohn in „Neuzeit" 4, 455 ff., 466 ff., 501 und Gastfreund a. a. O. S. 59 ff. Das hier S. 66 falsch erschlossene Datum seines Todes giebt das Todtenregister des „heiligen Vereins" in Metz genauer an: ביום ד׳ י׳א אדר שני תנ/ג; s. Ab. Cahen in „Revue des études juives" 8, 275.

[4]) Der Sammler Hirsch b. Chanoch Lewi in Frankfurt erklärt in seiner den Responsen עבודת הגרשוני שו/ת (Frankfurt 1699) sowohl als auch den Predigten über den Pentateuch תפארת הגרשוני (Frankfurt 1699) vorgedruckten, durchgängs auf פ/ה gereimten Einleitung: זאת ועוד אורות שהשני מאורות הגדולי׳

den aus der Jugendzeit von Worms her ihm bekannten Aron b.
Mose aus der hochberühmten Familie Teomim, den gefeierten Prediger, der am 8. Juli 1690 auf einer Reise von Krakau nach Chmelnik
ermordet[1] wurde, betrieb er mit seiner ganzen Familie die Drucklegung der handschriftlich zurückgebliebenen, alle Wochenabschnitte des
Pentateuchs behandelnden Predigtsammlung[2]. Als er von den so

תגאוטים מופלגים מוה״ר דוד אופנהיים אב״ד ור״מ בק״ק ומצודתו פרוסה בק״ק
בריסק דליטא והגלילות וטוהר״ר שמשון ויטרטהיים אב״ד ור״מ במדינות הגר
ומצודתו פרוסה בק״ק פראג ובק״ק ווירמיזא שניהם שוים בחשיבות במראה
ובקומה · לשמוע בקולם המה החזיקוני מפי כתבם אלי לסדר ולהגיה הספרים
חז״ל ולעמוד על משמרתי משמרת הקודש קדשי הקדשים כולו בליל אין בהם
פסולת ומומה . Ein Bruder dieses Sammlers, Namens Mose, starb 1726 als
Vorsteher von Münden. Ich entnehme dem Memorbuche dieser Gemeinde, daß die
Merzbacheriana in München bewahrt, den Wortlaut seines Seelengedächtnisses:
יזכר אלהים את נשמת האלוף ותתורירי פרנס ומנהיג כמוה׳דר משה בן הגאון
אב״ד מוה״ר חגי חנוך סג״ל זצ״ל עם נשמת אברהם יצחק ויעקב בצבור שכמה
שנים היה מנהיג הקהילה והמדינה בדרכי טובים וישרים וכל ימי' עסק בצרכי
ציבור באמונה, ולא מש מתוך אהלו של תורה, וקיים ולמדתם את בניכם וקודם
שהלך למנוחתו נתייסר ביסורים קשים כמו רוב הצדיקים בזכות זה תנצב״ה עם
שאר צדיקים וצדקניות שבג״ע אמן יגוע ויאסף בשם טוב בקדושה ובטהרה בי׳
ד' שני של פסח, ויקבר למחרתו יי׳ ה׳ א' דח״ה י״ז ניסן תפ״ז לפ״ק במידין.
Über Chaggai Chanoch Lewi vgl. „Ben Chananja" 8, 105, 187, 238.

[1] Vgl. המגיד 2 S. 47 (nach dem Gemeindebuche von Krakau): בש״ק
ב' אב ת״ן הומת ע״י חשר סטראווניק הגאון אבד״ק קראקא קדוש ישראל ר' אהרן
תאומים בעדהמ״ח ס' מנחה אהרן, בדרך בנסעו לועד הגליל בחמעלניק, ולא נתן
לחוביל גופתו לקבר ישראל עדי מלאו היהודים את ידי בכסף, ויוליכוהו ויקברוהו
בכבוד גדול בעיר פינטשוב; vgl. J. M. Zunz S. 132 und Anm. 82.
Daher der Zusatz der Märtyrerformel הי״ד nach seinem Namen (vgl. Zunz, „Zur
Geschichte" S. 334 f.) auf dem Titel und in der Vorrede zu בגדי אהרן. David
Reinbdorf צמח דוד I verzeichnet Namen und Faktum nur im Index am Schluße
unter 1690. Seine Grabschrift s. bei Wolf IV, 1203.

[2] Vgl. das Vorwort des Herausgebers zu בגדי אהרן (Frankfurt a. M.
1710), eines Sohnes des Verfassers, der unter dem Namen Löb Schnapper als
Rabbinatsassessor zu Frankfurt a. M. 1719 verstarb; s. Horovitz a. a. O 2
S. 73 Anm. 7. Eine abweichende Recension dieser Predigten zu Genesis, Exodus
und den zwei ersten Perikopen des Leviticus bewahrt die Boblejana; s. Neubauer, „Catalogue" Nr. 990.

werthvollen Gloffensammlungen Bezalel Aschkenasi's zum babyloni=
schen Talmud erfuhr, wandte er sich an die Rabbiner von Constanti=
nopel mit dem Anerbieten, das Werk auf seine Kosten zu veröffent=
lichen. Mittlerweile hatte aber bereits Jona b. Jakob mit der
Drucklegung eines Theiles desselben in Amsterdam [1]) begonnen.

Aber die Krönung seines Mäcenatenthums stellt die in den Jahren
1721—22 zu Frankfurt am Main vorzüglich aus seinen Mitteln ver=
anstaltete Ausgabe des babylonischen Talmuds dar. Wie er dem Heraus=
geber R. Jehuda Löb, dem Sohne des seit 1690 bis 1703 in Frankfurt
als Rabbiner wirkenden R. Samuel aus Krakau, nachdem dieser an der
Vollendung seiner Talmudausgabe von Amsterdam 1714—17 durch den
Drucker Michael Gottschalk in Berlin behördlich verhindert worden war,
ein neues Privilegium für Frankfurt am Main [2]) auszuwirken wahr=
scheinlich mit beflissen gewesen ist, so ermöglichte er im Vereine mit
seinem Schwiegersohne R. Moses Kann [3]) den vollständigen Neudruck

---

[1]) Im Vorworte zu באבא מציעא berichtet er 1721: אחר שכבר התחלתי פה
במלאכת הקודש ובעידנא דעסיק בה בא אלי אגרת מקונשטנטינא ודיהי כמבשר לאמר
הנה הגאון הגדול המפורסם מופת הדור וחדרי כמוהר"ר שמשון ווירטהיים נר"ו כתב
לרבני גאוני קונשטמינא כי שמע שמועה מזה הספ' ורוצה להדפיס(ח)[ו]' מכיסו וממונו
לזכות בו הרבים כדרכו הטוב טרוחה בכל ושמורה. Von dem fertigen Buche sandte
ihm denn auch der Herausgeber ein herrliches Widmungsexemplar auf großem
Papier und in prächtigem Einband, auf dessen Deckel, wie ich, von M. Roest be=
lehrt, auf dem jetzt in der Rosenthaliana zu Amsterdam bewahrten Buche gelesen
habe, in Goldschrift mit goldener Umrahmung die Worte eingeprägt sind:

הגאון הגדול מופת

חדור כמוהר"ר שמשון

ווירטהיים נר"ו.

Über Bezalel's Sammlungen vgl. Zunz, „Zur Geschichte" S. 58 und Jellinek
קונטרס המזכיר S. 15 ff.

[2]) Vgl. Rabbinovicz דקדוקי סופרים VIII. Anhang S. 94 Anm. קלד und
S. 96 ff. Über R. Samuel f. Horovitz 2 S. 56 ff., seine Grabschrift ebendaf.
S. 99. Der Name Samson Wertheimers schmückt das Titelblatt eines jeden
Bandes dieser Edition.

[3]) In einem handschriftlichen Protokolle über eine von der Tochter R. Samuel
Krakau's, Mirjam, und ihrem Manne David b. Aron Polak aus Amsterdam gegen
R. Mose Kann erhobene Forderung heißt es, wie mir der Besitzer, Herr Rabbiner

des ganzen Talmuds, einer Ausgabe, die in Folge ihrer mannigfachen
inneren Vorzüge die Grundlage[1] fast aller späteren geworden ist.
Der mit ihm verschwägerte Bermann Halberstadt[2] hatte in den
Jahren 1697—99 den Talmud in Frankfurt an der Oder heraus-
geben lassen. Der kaiserliche Oberhoffactor war hinter dem polnischen
Residenten nicht zurückgeblieben; konnte dieser auf die Talmudedition
von Frankfurt an der Oder als seine Schöpfung weisen, so hatte
Wertheimer in der neuen von Frankfurt am Main sich ein Denkmal
errichtet. Welche Summen ein Mäcenatenthum, in solchem Stile
geübt, verschlingen mochte, das sehen wir aus der Thatsache, daß die
in 5000 Exemplaren verbreitete, zur Hälfte an arme Gelehrte ver-
schenkte Talmudausgabe Berman's 50,000 Reichsthaler zu ihrer
Herstellung erforderte. Aber Wertheimer sollte nicht die Freude zu
Theil werden, die Ausgabe, zu der er so erheblich beigesteuert hatte,
verbreitet zu sehen. Die zweischneidige Waffe der Censur, die er
einst gegen Eisenmenger angerufen hatte, wandte sich diesmal gegen
ihn selbst. Hatte der Verfolger des Talmud vierzig Jahre unter

---

Dr. M. Horovitz, mittheilt: ומחמת כן כיבשו מן חרב הגאון המפוורסם מוה"רר
משה קן נ' לפרוע לחם מן חש"ס שעריין מונחים בחדר החתום בחתימת
אדונינו האדיר והחסיד הקיסר יר"ה פה ורנקווירט דמריין יע"א שאף
אמנם לפי דעת הרב מוה"רר משה נ"י אין להזוג הנ"ל שום תביעות עד לאחר
פרעון כל הוצאות תביעות והלוואות של הרב מוה"רר משה נ' וחמיו הגאון
זצ"ל אשר הוציאו לצורך חש"ס באשר שלהם הקיימה אבל מאחר שלפי דעת
הר"ר דוד הנ"ל נתפרע הרב מוה"רר משה עם חמיו הנ"ל מכל וכל מן הראוי
לפרוע לחם חוב' שחייב לחם הרב מהר"ל [= ליב בן ר' שמואל] זצ"ל. Das
Protokoll, von Montag dem 22. Nisan 1752 datirt, ist von Israel Schwarzschild
und Meïr Levi unterschrieben.

[1] S. Rabbinovicz a. a. O. S. 98.
[2] S. ebendas. S. 85 ff., Auerbach a. a. O. S. 58 ff. Wertheimer,
den die Rabbiner Polens darum angegangen waren, dieses Unternehmen zu er-
möglichen, hatte abgelehnt; s. ebendas. S. 59 Anm. 2. Von dieser Ausgabe ließ
David Oppenheim ein Exemplar auf Pergament in 24 Bänden abziehen, das die
Boblejana mit seinen übrigen Schätzen bewahrt; s. חמגיד 2 S. 26 f., Zunz,
„Zur Geschichte" S. 236. Vgl. über Pergamentdrucke Oppenheim's „Hebr.
Bibl." 5 S. 79, über Drucke auf blauem Papier Schubt 1, 582; 4 III. Cont.
S. 154 f.

Schloß und Riegel in Frankfurt liegen müssen, so sollte jetzt einmal der Verfolgte, der Talmud in der neuen Ausgabe, ebendaselbst über dreißig Jahre wohlversiegelt in Gewahrsam bleiben, bis er Dank dem Einflusse R. Mose Kann's endlich am 1. August 1753 freigegeben [1]) wurde.

Nicht minder als das jüdische Schriftthum selber ehrte und förderte Wertheimer die Pfleger desselben. Dem Manne, den sein Beruf den Verkehr mit Fürsten und den Mächtigen der Erde kennen lehrte, gewährte es eine innere Befriedigung, im Gedankenaustausche mit armen Schriftgelehrten an Festtagen [2]) seine Muße genießen zu können. In seinem gastlichen Hause, in dem die Gnade seines Kaisers mit Gold und Silber die Tafel schmückte, versammelte er dürftige Talmudisten, zugereiste Autoren; gelehrte Discussionen würzten die Unterhaltung, Geist und Wissen heiligten das Mahl, so recht im Sinne der Alten ein Tisch vor Gottes Angesicht (Ez. 41, 22) [3]).

---

[1]) S. Horovitz 3 S. 17 f. Über Paulus Christiani, den Angeber des Talmud, denselben, der Eisenmenger besungen (f. oben S. 3 Anm. 1) vgl. Schudt, 4 II. Cont. S. 232 und über einen anderen P. Chr. ebendas. S. 334.

[2]) Vgl. Mose b. Menachem's zweite Vorrede zu ויקהל משה: אם לא ראיתי לא האמנתי והנה החצי לא הוגד לי ותראנה עיני כמה פעמים אשר הייתי בויינא בימים הנוראים וראיתי כבודי ושמעתי חכמותיו.

[3]) Schemarja Salman, Sohn des Leipniker Rabbiners Jakob Abraham aus Krakau (gest. 1699) hat uns in der Vorrede zu נחלת יעקב (Amsterdam 1724; fehlerhaft Lemberg 1862) von einem solchen Gelehrtensymposion im Hause Wertheimer, den er als Vorsteher von Leipnik ums Jahr 1705 in Gemeindeangelegenheiten aufgesucht hatte, ein flüchtiges Bild aufbewahrt: כד הויא וזכירא משלחן גבוה שלו בביתו תרומה זה השלחן אשר לפני ד' כמו ט"ו שני' עבר הזמן שבאמרו פעם הייתי בעסקי קהלת אצל אדונינו הדו"כס יר"ה כל ישראל חייבים לבקש רחמים בעד בה"מ כי הוא כותלם בנין מפואר שהכלל סועדים בו והוא מיטב ומשפיע ע"י השתדלות דבריו הטהורי' וחריבי' בפני מלכי ארץ מלכי' דעראי כמלכות' דרקיע חשם ירים חדם חדש וירון לבבם לטובה . . . ודהן הן הדברים שהקשה כבוד הגאון מ"ו חג'ל שמצינו מחנה אלהים ח"י אלה כדאמרו חז"ל דכתיב רכב אלהים ר(ב)בותיים אלפי שנאן א"ת שנאן אלא שאינן [cf. duodeviginti] ובעמק הבלך אית' מחנה ד' היא צ' אלה כמנין מלך דכתיב מלך במשפט יעמוד ומושב זקנים חתוא שכמה מופלגי תורה הד' מסובי' בשלחן חחו' שלא הגיענו לקרסוליהם לא שמעתי חירוץ מוספק על זה . . וכשאזכה להגיד לפני כבוד מ"ו הגאון המפורסם חג'ל או לפני שאר שרי התורה יודו לדברי' Wertheimer sollte die Lösung

Schon aus der erſten Zeit ſeiner Wirkſamkeit haben wir ein Zeugniß dafür, wie er ſeinen Einfluß bei den Behörden zu Gunſten gelehrter
und bedürftiger Glaubensbrüder aufwendete. Als 1691 Joſef Iſachar
b. Elchanan, Rabbiner in Kremſier zur Auswanderung nach dem
heiligen Lande ſich entſchloß, war es Wertheimer, der ihm einen
Paß zur Reiſe durch Steiermark verſchaffte, mit dem er nach Be-
nedig gelangte, wo er mit ſeiner Familie aufs Schiff ſtieg[1]).

Ein Beiſpiel ſeiner Verehrung und Hingebung für berühmte
Talmudmeiſter bietet ſein Freundſchaftsverhältniß zu R. Meïr b.
Iſak[2]), einer der verehrungswürdigſten rabbiniſchen Perſönlichkeiten
aus der erſten Hälfte des 18. Jahrhunderts, deren Nachruhm in
unverwelklicher Friſche noch heute fortblüht. Er ſcheint bereits auf
ſeinen Reiſen in Polen R. Meïr, der damals Rabbiner von Schidlow
war, kennen und ſchätzen gelernt zu haben. Von dort berief er ihn
nach Worms, der eigenen Vaterſtadt, an die er ihn gern durch Aufrichtung eines hauptſächlich für ihn und ſeine Schule geſchaffenen Lehr-
hauſes dauernd gefeſſelt hätte. Allein die Kriegswirren um die Wende
des Jahrhunderts vereitelten den freudig gehegten Plan; es war für
R. Meïr nicht länger ſeines Bleibens in Worms. Aber Wertheimer
hatte die Sorge für den Freund und Schützling nicht aus dem Auge

---

Salman's nicht mehr vernehmen. Der Name von Schemarja's Eltern und der
ſeines Schwagers Iſrael lautet nach deren Seelengedächtniß in Leipnik, wie mir
Hr. Joſef Münz mittheilt: רבי יעקב אברהם בן ב״ה רפאל ואשתו חרבנית דבורה
בת ב״ה קלונמיס, חתנו הרב רבי ישראל חיים בן ב״ה יצחק חלד. Vgl. J. M. Zunz
a. a. O. 128.

[1]) Im Vorwort zu שלשה שרייגרים preiſt er ihn mit den Worten: וברכתי
תעלת לראש משביר צדיק כביר גמיר וסביר לבו כפתוחו של אולם ודביר ה״ה המאור
הגדול פרי עץ הדר אשרי הדור שהוא בתוכו כ״י ע״ה פ״ה ר״מ ואב״ד בק״ק מוהר״ר
שמשון רב מדינת נר״ו שהראני תוקפו וגבורתו והגדיל חסדו האחרון מן הראשון
שהשתדל לי כתב חירות ליסא דרך שטיירמרק ממש ארץ שלא עבר בו איש בזמן
קריב חנם בלא כסף אפילו בלא פשיטא דסכרא וחקל מעלי הדרך רחוק מהלך כמה
חדשים שכרו יקבל משוכן תרשישים.

[2]) Über ſeine noch immer nicht genügend aufgehellten Lebensverhältniſſe
ſ. M. Zipſer in „Orient“ 8 (1847) LB. 185 ff., 380 ff., 444 ff., 459 ff.
und „Ben Chananja“ 7 S. 550 f., 588 ff.

verloren. Dank Wertheimer's beherrschendem Einfluffe in den Gemeinden Mährens wählte Proßnitz[1]) R. Meïr zu seinem Rabbiner, dem durch die Fürsprache dieses mächtigen Protektors daselbst eine behagliche und sorgenfreie Stellung bereitet wurde. Er blieb fortan der Freund und Beirath des Wiener Rabbiners und Hoffactors, der in seiner Frömmigkeit und Demuth in keiner Sache allein Richter sein mochte. Als dieser 1708 die im Rákóczischen Aufstande durch die Raubzüge der Kuruczen zersprengte Gemeinde Eisenstadt, deren reichere Bewohner in Wien und Wiener Neustadt als Flüchtlinge sich angesiedelt hatten, wiederherstellen wollte, zog er zu den in seinem Hause[2]) gepflogenen Berathungen und Verhandlungen auch R. Meïr heran,

---

[1]) Meïr b. Isak berichtet selbst im Vorwort zum ersten Theile seiner Responsen: וקרבני לעבודת הקדש חרב הגאון הקצין והנגיד כבוד מהור"ר שמשון ויוא נר"ו ונבחרתי לישב באוהל בית חמדרש בק"ק וויריחזיא עם שאר רבני' מופלגי' ובתוכם מחותני חרב המובהק חחסיד המפורסם כבוד מהור"ר מיכא ל ז"ל וישבתי שם ימים ועשור וחטיבו עמי ק"ק חנ"ל וחחזיקו לי ישיבח חשובה ואף גם שם לא מצאתי מנוח לכף רגלי כי מחמת רעש מלחמות צרפת לא חיה סיפק ביד חגאון הקצין מדר"ש לבנות בית לשמו ונתקבלתי לקהלח מפוארח ק"ק פרוסטטין וישבתי כמו עשר שנים ויד חגאון מהר"ש חיח עם יד חאלופי' חקחל לחטיב עמי בכל מילי דמיטב עד שנתקבלתי שנית לק"ק שידלאוויצי וגדול חסדם האחרון מן חראשון.

[2]) Nach Aufzeichnungen im Archive der jüdischen Gemeinde zu Eisenstadt vom Jahre 1708, die mir Herr Felix Blau mitgetheilt hat, hätte Wertheimer, der an der Gicht erkrankt war, unter dem Vorsitz R. Meïr's, der damals Rabbiner von Proßnitz war, am 14. Tammus 1708 die Conferenz in Betreff der Neubegründung dieser Gemeinde zu sich nach Wien berufen. Die Verhandlungen der Parteien, der Armen und der Wohlhabenden, sind im Gemeindebuche f. 26 noch erhalten. Die Anmeldungen zum Beitritt sollten vor dem 15. Ab d. J. in Baden, auf dem halben Wege zwischen Wien und Eisenstadt, erfolgen. Das Aktenstück ist unterzeichnet: נאם מאיר בהר' יצחק ז"ל חונח בק"ק פרוסטטין ויושב באוחל בית חמדרש של אדוני מ"ו חגאון חמפורסם מוהרש פד וויוא ונאם אלכסנדר במחלר מנחם מעגריל חלוי ז"ל מפרוסטטין ויושב באוהל של תורה בבח חגדול של חגאון מוהרש נר". Abraham, ben Bruder Alexanders, rühmt Juda Perez מפי אחובי ידידי חרב חמופלא וחמופלג חמתודד וחובקי מחור"ר f. 3c: פרח לבנון אברחם בחרב מנחם מעגריל סג"ל מק"ק פרוסטטין יצא. R. Meïr wird nach dieser seiner ersten Gemeinde zuweilen Proßnitz genannt. David Grünhut theilt im

deſſen Weisheit und rabbiniſcher Autorität es im Verein mit Wertheimer
auch gelang, die Widerſtrebenden zur Rückkehr in ihre Heimath oder
zur Übernahme dauernder Beitragspflicht gegen die verarmte Gemeinde
zu bewegen. Die Wohlhabenden, die ſich zur Heimkehr entſchließen
mochten, hatten ſich bis zu einem gewiſſen Termine bei R. Meïr zu
melden; nach demſelben verfielen ihre Liegenſchaften in Eiſenſtadt an
die Gemeinde, der ſie noch obendrein zu einer lebenslänglichen Bei-
ſteuer ſich verflichten mußten. Aber erſt Ende 1717[1]) ſollte der
Neubegründer der Gemeinde, nachdem er ein Jahrzehnt in Proßnitz
und nochmals in Schidlow Rabbiner geweſen, das rabbiniſche Lehr-
amt in ihr übernehmen. Bis auf eine kurze, durch Furcht vor An-
geberei veranlaßte Unterbrechung[2]) blieb er fortan bis zu ſeinem

Namen ſeines Neffen Moſe Rapp eine Frage R. Meïr's mit, die dieſer in der Klauſe
von Worms aufgeworfen ſ. מגדול דוד Ende f. 3ᵃ; er nennt R. Meïr: הרב החסיד
המופלא ח״ה כמוהר״ר מאיר אב״ד מפרוסטיץ נרו. So überliefert auch
Sabbatai Cohen aus Tiktin in ſeinem Sammelbuche מנחת כהן Fürth 1741
Manches: בשם הגאון מהורר מאיר פרויסטיץ אבד מקק איין שטאט.

[1]) ט״ח טבת תע״ח ſoll er ſeinen Einzug in Eiſenſtadt gehalten haben.

[2]) Nach Eiſenſtädter Überlieferungen ſoll er eines Freitags Morgens Anfangs
1722 (שבט תפ״ב) plötzlich verſchwunden ſein, um erſt 1725 zurückzukehren.
Am darauf folgenden Sabbat ſoll er denn auch von fürſtlichen Grenadieren, die
zu ſeiner Verhaftung erſchienen waren, in ſeiner Wohnung geſucht worden ſein.
Die Veranlaſſung dieſer geheimnißvollen Flucht pflegte R. Moſes Perls, Rabbiner
von Eiſenſtadt, wie mir ſein Schüler, Herr Rabbinatspräſes S. L. Brill
in Budapeſt, mittheilt, folgendermaßen zu erzählen: In der benachbarten Ortſchaft
Zinkendorf war die Kirche beraubt worden. Die von dieſem Diebſtahl herrührenden
Gegenſtände hatten fünf Perſonen gekauft, die über dieſem Handel in Streit ge-
riethen. Spät in der Nacht uneinig heimkehrend, bemerkten ſie in der Wohnung
des noch im Studium vertieften Rabbiners Licht. Bereit zu ſchlichten und aus-
zugleichen, wie er war, entſchied er, trotz der ungewohnten Stunde, in tiefſter
Ahnungsloſigkeit über die Herkunft des Streitobjects, die ihm vorgetragene Rechts-
ſache. Des Morgens, als die Nachricht von dem Raube ſich verbreitet hatte,
erklärte der Nachtwächter, er habe fünf Männer zu verdächtiger nachtſchlafender
Zeit aus der Wohnung des Rabbiners treten ſehen. Sofort noch rechtzeitig vom
Vorſteher der Gemeinde gewarnt, der den unbeſcholtenen Rabbiner den Rohheiten
und Gefahren einer Unterſuchung, wie ſie damals üblich war, entziehen wollte,

am 7. Juni 1744 erfolgten Tode[1] und über sein Grab hinaus das unbegrenzt verehrte Oberhaupt der Gemeinde Eisenstadt, dessen Namen er in seine eigene Unsterblichkeit aufgenommen hat. Wertheimer bediente sich seiner, als er officiell die Geschäfte des ungarischen Landesrabbinates zu verwalten hatte, als eines obersten Forums in der Entscheidung rabbinischer Fragen[2].

Wie um seine Zugehörigkeit zu der durch seine Hülfe neu aufgerichteten Gemeinde auch äußerlich zu bekunden, erbaute er in Eisen-

---

floh R. Meïr und soll bis zur Austragung dieses Handels angeblich in Proßnitz sich aufgehalten haben. Sein Sohn R. Isak blieb in Eisenstadt unbehelligt, wie denn auch weder die Familie noch die Gemeinde wegen des flüchtigen Rabbiners Etwas zu leiden hatte. Die Dauer seiner Entfernung scheint jedoch von der Überlieferung übertrieben worden zu sein; auch giebt er selber an, sich nach Polen geflüchtet zu haben; s. „Orient" 8, 187. Das Andenken an jene traurigen Vorgänge erhält in Eisenstadt noch das folgende Gebet, das jeden Montag und Donnerstag vor יהי רצון מלפני אבינו שבשמים, שתעקר gesprochen wird: אחינו כל בית ישראל ותשרש את כל שרש פורה ראש ולענה בישראל, ולא יהי' פורץ ברחובותינו דם המוסרים והמגדיקים את ישראל בלשונם והמתרסים מעמדי ומצבי הקהלות ומצירים את אחידם להתגולל עליהם ולהפילם, הקב״ה יציל את ישראל מידם והחטאים ופושעים האלה יכרית מארץ זכרם, ויבדילם ה' לרעה מכל שבטי ישראל, ולא יהי' להם חלק מאלוקי ישראל, ולא יהי' להם לא נין ונכד ושאר בישראל רק ימחה שמם מתחת השמים — וכמך ישראל הנקיים מחטא הזה ושומרים את פרחם ולשונם ופורשים את עצמם מן חרשים האלה ומרחיקים אותם, מטנה אלוקי קדם שמרם שלא יצא מהם פורץ וחוטא עד סוף כל הדורות ויזכו לראות בנחמות ישראל ובתשועתם ונאמר אמן.

[1] Auf seinem Grabstein sind nur die Worte zu lesen: פה נטמן הרב הגדול כמהור״ר מאיר זצ״ל אב״ד ק״ק א״ש והמדינה מת ונקבר ביום א' כ״ז סיון תק״ד לפ״ק. Vgl. „Orient" 8, 185.

[2] Vgl. פנים מאירות II Nr. 68—72 in Betreff eines von einem getauften Soldaten in der Festung Komorn für seine abwesende Frau bewilligten und bestellten Scheidebriefes und des Nachspieles dieser Angelegenheit. Der durch den Marschbefehl seiner Truppe nach Neapel zur Eile gedrängte Soldat Namens Ferdinand Brobacky, als Jude Simson b. Mose Rokebnitz genannt, gehörte zum Regimente Feldmarschall Guido Graf Starhemberg (גווירנה שטיירין בארג). Dieses 1618 errichtete Regiment wurde 1809 als Infanterie-Regiment Nr. 13 aufgelöst; s. „Feldzüge" 10 S. 517.

ſtadt, wo neben anderen Verwandten auch eine Schweſter Wert=
heimers gewohnt haben ſoll [1]), ein herrliches Haus [2]) mit einer wohl=
ausgeſtatteten Synagoge, die noch heute, nachdem das Haus ſo oft
den Beſitzer gewechſelt hat, den Namen: „R. Samſons Schule"
führt. Wer in dieſes Haus oder in den Hof desſelben, ſo erzählt
die Überlieferung, ſchutzſuchend ſich flüchtete, durfte nicht weiter ver=
folgt werden; darauf deutet auch die alte Benennung: „Freihaus."
Die Gemeinde ſcheint dem ſo vielverdienten Gründer ihren Dank
dadurch ausgedrückt zu haben, daß ſie ihm die höchſte Würde, die
ſie zu ertheilen hatte, das Ehrenrabbinat [3]) verlieh.

Wie die Vorliebe für das jüdiſche Schriftthum und deſſen
Pfleger ſeinem am heimiſchen Wiſſen genährten Geiſte entſtammt,
ſo kennzeichnet die Fürſorge für das Leben und Gedeihen der Ge=
meinden und Inſtitutionen ſeiner Glaubensgenoſſenſchaft ſein frommes
Herz. Es iſt eine Wohlthätigkeit größten Stiles, die wir ihn üben
ſehen, ein gemeinſamer Zug übrigens bei den Reichen ſeiner Zeit,
denen noch jenes Pfahlbürgerthum fremd iſt, das nur die Sorge
für die engſte Nähe kennt. Noch lebt das Andenken an dieſe ſeine
Fernen und Nahen gleich bewährte Hülfsbereitſchaft unvergeſſen in
zahlreichen Gemeinden verſchiedener Länder.

In Wertheim in Baden, wohin der Name ſeiner Familie zurück=

---

[1]) Nach Mittheilungen des Herrn Wilhelm v. Frankfurter in Wien, eines
Ur=Urgroßneffen Wertheimers, an Herrn Emanuel Baumgarten war Kele Wert=
heimer an Leopold Markbreiter in Eiſenſtadt verheirathet.

[2]) Dieſes zum Theil auf dem Boden der jüdiſchen, zum Theil auf dem der
chriſtlichen Gemeinde Eiſenſtadt ſtehende, noch heute zu den anſehnlichſten Bauten
in Stadt und Bezirk zählende Haus Nr. 31, jetzt im Beſitze des Herrn Adolf
Wolf, — deſſen Gattin, Frau Minna geb. Gomperz, iſt eine Ur= Ur= Ur= Ur=
Enkelin Samſon Wertheimer's — ſoll der Erbauer nur einmal beſichtigt haben,
ohne jedoch darin zu übernachten. Das rituelle Bad, das darin war, iſt heute
aufgelaſſen. In der Synagoge wurde bis vor 12 Jahren täglich, wird jetzt
jedoch nur an Feſten Gottesdienſt verrichtet. Vgl. L. Löw in Buſch, „Jahrbuch
für Iſraeliten" V, 103.

[3]) In Wertheimers Grabſchrift a. a. O. Nr. 346 iſt zu leſen: אב״ד מה
ומצודתו פרוסה בקהילת אירזנשטט S. 59: und ווירטא וק״ק אירזנשטט וכל מדינות הגר
וכל מדינות הגר.

leitet, verkündet ein Denkstein [1]) auf dem jüdischen Gottesacker, daß
er 1714 zur Erweiterung und Ummauerung desselben, sowie zur Her=
stellung der schadhaft gewordenen Grabsteine allein die Kosten ge=
tragen habe.

In Ungarn, wo er von jeher und besonders seit seiner Ernennung
zum Landesrabbiner Verbindungen hatte, soll er die Gründung einer
großen Anzahl von jüdischen Gemeinden an der steyerischen Grenze [2])
bewirkt und gefördert haben, wobei seine Beziehungen zum ungarischen
Hochadel ihm nicht wenig mögen zu Statten gekommen sein.

---

[1]) Die Inschrift, (f. „Neuzeit" 28 S. 150) lautet:

(Anspielung auf   תער שמשון לפק
Jub. 13, 5 = תער)   (Sota 10ᵃ) בכח מעין דוגמא של מעלה
יתירה שעלי' עומד ומטיב אין טוב
אלא שיר ושבח לחגאון המפורסם
רטיפלת רבי' קירית חרב מוהריר
שמשון מוהינא נשיא בא''י וכל
מדינת הגר בי' קטורח הוא פיזר חון רב
לחוסיף על בית העלמי' ולחקיף חומה
חדשה ולתקן המצבות חשבורות
שנת מהרה יבא משיח ויגאלינו.

[2]) „Er verschaffte," heißt es, ohne Quellenangabe freilich, bei L. A. Frankl,
„Inschriften" S. XVIII, „denen, die seit 1671 — l. 1670 — aus Wien ver=
bannt waren, und zerstreut in ungarischen Dörfern lebten, die Bewilligung, sich in
Gemeinden zu versammeln. Es entstanden so im Oedenburger=, Szalaber [l. Zalaer]=
und Eisenburger=Comitat, entlang der steyerischen Gränze an 40 Gemeinden, welche
Begünstigung ihm durch seine vertraute Beziehung zum Obersthofmeister des Kaisers
Leopold I., dem Grafen Bathiany, zu Theil wurde. Die Muttergemeinde war
Rechnitz." Gemeint ist Graf Adam II. Batthyány, der Banus von Croatien, der
ebenso wie seine Wittwe, die Gräfin Batthyány=Strattmann, „die schöne Lorel",
die Freundin Eugens von Savoyen (f. Behse a. a. O. 6, 250 ff.), den Juden
von Rechnitz sich freundlich erwies; f. „Ben Chananja" 7, 349 f., 354. Nach
Hormayr's „Taschenbuch" 4 (1823) S. 297 ward er zum kaiserlichen Ober=
mundschenk ernannt; einen Oberhofmeister dieses Namens gab es nicht. Ebenfalls
ohne Quelle bemerkt Zipser a. a. O. 353: „Herr Samson Wertheimer hat sich
in der That nicht blos in der hiesigen [Rechnitz], sondern in noch vielen anderen
ungarischen Gemeinden durch die Errichtung, oder doch wegen geleisteter Beihilfe

In der Synagoge zu Rechnitz verkündet noch heute eine Inschrift von der Höhe der Wölbung über der heiligen Lade die Verdienste, die er um die Neuerbauung[1]) dieses Gotteshauses im Jahre 1718 sich erworben hat. Die feierlichen Worte[2]) zu seinem Preise liefern ein

---

zur Aufführung von Tempeln ein ewiges Denkmal errichtet." Auch mit der Restaurirung der Synagoge in meiner Vaterstadt Kojetein in Mähren wird Wertheimers Name in Verbindung gebracht; s. N. Brüll ebendas. 5 S. 318 f., 320.

[1]) Die angeblich vom Grafen Adam Batthyány unterschriebene Quittung d. d. Wien den 27. April 1702 beweist nicht, wie „Ben Chananja" 7, 353 angenommen wird, daß die Synagoge in Rechnitz bereits damals erbaut war, sondern nur, daß Wertheimer die auf der alten Synagoge haftende „Dienstbarkeit" durch die Summe von 500 Gulden abgelöst und so schon früher der Gemeinde als Wohlthäter sich erwiesen hat. Sowohl die nach S. 352 ehemals in der Wölbung vorhandene Angabe der Jahreszahl 1718 (תעח) als die Inschrift zu Ehren Wertheimers sprechen zu deutlich für dies Gründungs- oder Neuerbauungsjahr der Synagoge, als daß 1718 nur eine „neue Ausbesserung oder Ausmalung" (S. 353) derselben sollte stattgefunden haben.

[2]) Die Inschrift der Synagoge, die der Begründer nach der Ortsüberlieferung an manchen Festtagen besuchte, war ehedem rechts von der heiligen Lade auf einer Tafel angebracht und ist erst in neuerer Zeit oberhalb auf die Wölbung übertragen worden, wo sie auf zwei Feldern in schöner Schrift deutlich zu lesen ist. Bei dieser Gelegenheit mögen die Fehler und irrigen Schreibungen mancher Bibelworte darin entstanden sein. Den Wortlaut derselben verdanke ich Herrn Dr. M. Ehrlich, Rabbiner in Rechnitz.

ובחברון גליל גלילי ותחתון	עירינו לשמיא נמלת ולחיי
כבוד שמו תפארתו מֹזֹהֹרֹיֹ	עלמא שבחא והדרת אשר [Dan. 4,31]
שמשון במוֹהֹ יוסף יֹזֹל	דקים כיום גבר די נתיריו
ועירמדיים זצל	ושכלתני וחכמת כחכמת
וידֵי דברו אלו קרובים לֹיֹיֹ	אלהין תשתכחת ביֹ להאיר [ebenb.5,11]
אלהינו שיעמדתו בריא אולם	בית התפלה בית הגדול
שנים רבות יחיידו ויעלחו	והטורא אשר בנת מכספו
על במתי עב התצלחות	והזכֹ שֹ זֹ, הֹצֹה לֹגֹג
וממנו תצא תורה	הגאון מופת הדור
עד בא דבר יֹיֹ	אבֹי המדינה
מירושלים אמן.	ובשאר ארצות
	נשיא ישראל
	ונשיא בצפת תבב

Bild von der Verehrung, in der Wertheimer unter seinen Glaubensgenossen nah und fern gestanden hat: Zum Himmel hebe ich meine
Augen und rühme und verherrliche den Ewiglebenden, dieweil er
heute einen Mann hat erstehen lassen, in dem Erleuchtung, Einsicht
und Weisheit gleich der Weisheit eines göttlichen Wesens zu finden
ist, um dieses Bethaus zu erhellen, dies herrliche und ehrwürdige
Haus, das er aus seinen Mitteln erbaut im Jahre 5478, er, der
Gaon, das Wunder der Zeit, Rabbiner in Ungarn und in anderen
Ländern, der Fürst Israels, Fürst von Zefat und Hebron, des
oberen wie des unteren Kreises, Samson Sohn Josef Josel's Wertheim. Mögen unsere Worte zu unserem Gotte Zugang finden, auf
daß er ihn erhalte stark an Kraft lange Jahre hindurch, ihn leben
und zur Wolkenhöhe alles Glückes gelangen lasse und die Thora von
ihm ausgehe, bis Gottes Wort von Jerusalem kommt, Amen.

Wertheimer vergaß in der neuen Heimath des Reiches nicht,
aus dem er gekommen war. Die fromme Stiftung, die er durch
Errichtung einer Talmudschule seiner Vaterstadt Worms zuzuwenden
in Folge der Wirren des spanischen Successionskrieges verhindert

---

Zipser hatte „Ben Chananja" 7 S. 353 ein Recht, vorsichtig zu sagen, daß die
Erbauung des Tempels zu Rechnitz „wie ich glaube, auch auf dessen Grabsteine auf dem jüdischen Friedhofe zu Wien bezeichnet steht." L. A. Frankl
nimmt nemlich in seiner Übersetzung dieser Grabschrift Nr. 346 die daselbst spurlos
fehlenden Worte auf: „Rabbi Simson ist's auch, der im Jahre 5478 (1718)
eine sehr schöne Synagoge in Rechnitz (in Ungarn) erbauen ließ;" s. „Zur Geschichte der Juden in Wien" (Wien. 1847) S. 18. Ich kann heute das Räthsel
erklären. Frankl hat nemlich eine Anmerkung S. G. Stern's, die dieser als ge-
borener Rechnitzer in seiner 1844 angefertigten Copie der Rossauer Epitaphien
(הועתק שמות שוכני עפר השוכנים בחצר מות הישן אשר הוא בעיר חייקן במגרש ראסיא)
anbrachte, als Text aufgefaßt. Da diese Copie durch die Güte des Wiener Vor-
standes, dank der Vermittelung meines Freundes, des Herrn Emanuel Baumgarten, mir jetzt vorliegt, will ich S. G. Stern's durchstrichene Worte zum
Beweise hierhersetzen: הוא ר' שמשון אשר בנה בקהל רעבניטץ בשנת חמח בח"כנ
מתודר בתי לתלמידות מכמפו כפי אשר נראה שם כתוב לזכרון לדור אחרון על
הכותל וגם השתדל להם חידות מהשוררת שם נוסף על החידירות שותי' להם וכתבי
הקרומים חדז ת"י ועודם מונחים פח וויגא רק לא נודי איה.

worden war, sollte Frankfurt am Main zufallen. Geschäftliche und
herzliche Beziehungen knüpften ihn an diese Stadt. Die Frankfurter
jüdischen Residenten in Wien, Süßkind Stern und Emanuel Drach[1]),
hatten sich seiner Freundschaft und seiner kräftigen Unterstützung bei
der Regierung zu erfreuen. Frankfurt war aber für ihn auch der
Wohnort einer trefflichen Tochter und eines hochberühmten Schwieger=
sohnes. Diesen mag er vorzüglich im Auge gehabt haben, als er
das Lehrhaus, genannt die Klaus, errichtete. Wie Bärman Lewi
in Halberstadt 1703 eine Klause erbaute, damit die deutschen Juden,
wie er es dem großen Kurfürsten gegenüber begründete, nicht länger
gezwungen seien, ihre Kinder nach Metz, Prag und nach Polen auf
die Talmudschulen zu schicken[2]), so wollte Wertheimer Frankfurt am
Main, der alten Heimstätte talmudischer Gelehrsamkeit in Deutschland,
den Besitz eines wohlausgestatteten unabhängigen und ständigen Lehr=
hauses sichern, in dem um bekannte Meister wißbegierige Jünger sich
schaaren sollten. Wohl über ein halbes Jahrhundert verlieh dieser
Anstalt Glanz und Bedeutung der Schwiegersohn Wertheimers, der
ebenso talmudisch gelehrte als weltmännisch gebildete R. Mose Kann[3]).
Zu den Männern, die als Schuloberhaupt diesem Hause vorgestanden

---

[1]) Vgl. Horovitz a. a. O. 2 S. 89 N. 1.

[2]) Vgl. E. Lehmann, „Berend Lehmann" S. 30. Die Geschichte dieser
Klaus in Halberstadt und die Namen der ersten an ihr wirkenden Gelehrten s. bei
Auerbach a. a. O. S. 61 f.

[3]) Mose Kann wird sowohl in seinem Seelengedächtnisse (Horovitz a. a. O.
3 S. 89) als auf seinem Grabstein (ebendas. 93) bezeichnet als: אב״ד קלויז פֿפֿמ
אב״ד דמדינת דרמשטט ודקלויז פֿה ober אב״ד דמדינת דרמשטט ובמדינת דרמשטט. Ebenso heißt es
von ihm ebendaselbst mit Bezug auf seine oft bewährte einflußreiche Intervention
bei den Behörden: יועץ ונשוא פנים וחכם חרשים · ורד׳ לו יד ושם בחצר
מלכים ושרים. Meïr b. Eljakim Goetz preist ihn als seinen Wohlthäter im Vor=
wort zu den RGA. ומצאתי חן בעיני הרב הגדול המפורסם הקצין: אבן השהם
הנגיד המפֿסר מהור״ר משה ק״ן אב״ד דקלויז דק״ק פֿ״פֿ ומדינת דרמשטט וכל
סביבותיה. Eleasar Kallir nennt ihn im Vorwort zu אור חדש II: הרב הגאון
הגדול המפורסם בכל הגולה · בתורה וגדולה · כמוהר״ר משה קן מפֿפֿ/דמ ז״ל שהיה
אב בקלויז שמ · ובק״ק דארמשטאט והמדינת שהיה תתנא דבי נשיאה · · · ·
כמוהר״ר שמשון וי״ח מוירטא זצל״/חח.

haben, gehört auch der durch talmudiſche Gelehrſamkeit wie ſeine volks-
thümliche Beredſamkeit gleich ausgezeichnete R. Jakob [1]), Sohn R. Te-
weles, genannt nach ſeinem Vaterhauſe „zum ſchwarzen Hermann.‟

Es waren die Traditionen ſeines Elternhauſes, die Wertheimer fortſetzte. Er, deſſen Familienname in hohe Jahrhunderte
hinaufreicht und auf die babiſche Gemeinde Wertheim [2]) zurückgeht,

---

[1]) Vgl. Horovitz a. a. O. 4 S. 34 f. R. Jakob ſtarb nicht 1788, wie
es irrthümlich auf der Grabſchrift S. 98 heißt, vielmehr iſt in dem Abdruck derſelben תקמ״ח in תקמ״ה zu berichtigen; ſ. auch S. 35 N. 1. Das richtige
Datum liefert auch ſein Seelengedächtniß, deſſen Wortlaut mir Herr Rabbiner
Dr. M. Horovitz nach den zwei gleichlautenden Memorbüchern der Gemeinde
Frankfurt am Main mitgetheilt hat: יזכור אלקים את נשמת הגה״ג המפורסים נ״י
מאור הגולה הראש ב״ד ואב״ד דקלויז כמהור״ר אברהם יצחק יעקב בן כמר
ישראל דוד מצעבלי שמש זצ״ל אשר חרד כל ימיו חרד לדבר ד' ויתאמץ בעבדותו,
הגה ימם ולילה בדחו וירט שכמו לסבול על תורתו עוד הגדיל עצה הפליא תושיה
למד ולמד וקיים תני ומתני שטרין דרבנן נמישין תלמוד בבלי וירושלמי ספרא
ספרי וכולא תלמודא מילין מעליותא מנ־ בבי מדרשא .... ויעקב הלך
לדרכו דרך עץ החיים בחצות ליל ד' עש״ק ד' ניסן תקמ״ה לפ״ק ונקבר ביומו
[ביום ה' ל.] בבכי ואנקה צעקה וזעקה על האי שופרא דבלה בארקא וקראו לפניו
חי חסד הד עניו בן של קדושים תכם חרשים מד תחכמים צדיק תמים חבל
על חשמ״ש הגדול וחבל על דאבדין ולא משתכחין ונספר בהספד גדול מחני
שני גדולי הדור ח״ח הגאון אב״ד והר״י נ״י לנצח ודרח נקרא בפי כל אדם
הדיין מחור״ר יעקב שמש צום שוואָרצן הערמאן ודירתו חיתה כעת בקלויז
של המפורסם מחו' שמשון ווערטהיים זצ״ל. Aus dieſer letzten Angabe
des Frankfurter Memorbuches ſtammt die Mittheilung Carmoly's in „Ben
Chananja‟ 7 S. 1029 Anm. 6. David Diespeck פרדס דוד f. 235ᵇ rühmt von
R. Jacob in der Trauerrede auf ſeinen Tod: הרב המזבחת ראש ב״ד ואב״ד בבמ'
דעיר הגדולח קף״ק סם דמיין כמהור״ר יעקב שמש זצ״ל חבל על שמש גדיל
שאבד שכל ימיו תרביץ תורה וישריבח בק״ק חנ״ל. 1763 war er von Wolf
Wertheimer auf ſechs Jahre als Klausrabbiner eingeſetzt worden und obwohl in
der Familie Männer waren, die vermöge ihrer Verwandtſchaft mehr Anſpruch auf
dieſe Stelle hatten, wurde er 1770 von den Abminiſtratoren der Wertheimer-
ſtiftung „zur Ehre ſeiner Gelehrſamkeit und ſeines eblen Charakters‟ auf drei
weitere Jahre und ſo wohl ſtets von Neuem bis an ſein Ende in der Klauſe be-
laſſen (Nach dem Stiftungs-Transact von 1770).

[2]) Bereits in der angeblich aus dem Jahre 1320 ſtammenden Einladung der

bankt die Elemente seiner späteren Entwickelung, die Grundlagen seiner Größe seiner Heimath und seiner Erziehung. In Worms, wo er Sonntag den 13. Schewat 5418, d. i. am 17. Januar 1658 geboren[1]) wurde, war wie kaum sonst an einem Orte Gelegenheit geboten, Cultur und jüdisches Wissen zugleich sich anzueignen. In dieser durch ihr Alter wie durch ihre Geschichte ehrwürdigen Gemeinde der deutschen Judenheit war seinem frommen und rabbinisch gelehrten vortrefflichen Vater bereits als Vorsteher eine Führerrolle zugefallen; Josef Joslin[2]) Wertheimer war bis in sein hohes Greisen=

Wiener frommen Brüderschaft (?) begegnen wir dem Namen יוסף בן שמעון ווירטם, der Wertheim zu lesen sein dürfte; s. G. Wolf in „Hebräische Bibliographie" 6 S. 118. Hirz Wertheim war der bekannte Patricier von Padua, dessen für die heilige Lade gespendeten Vorhang Juda Minz — so nach M. Wiener in „Magazin" I S. 81 Anm. 3 — aufzuhängen verbot, weil sein Wappen, ein Hirsch, in Reliefstickerei mit Edelsteinen darauf angebracht war; s. Josef Karo's Responsen אבקת רוכל Nr. 65 und Jellinek in „Neuzeit" 1862 S. 602. Den Namen Wertheim führte auch die Frankfurter Familie Helen; s. Horovitz 2 S. 25, 41 und „Jüdische Ärzte" S. 12—13. Von Abraham Helen berichtet Schudt II, 36. Cap. S. 339: „Anno 1675, den 10. Jul. starb allhier Doct. Abraham Helenius, ein Jüdischer Arzt / deß Doct. Abraham Wallich's Schwieger Vatter / insgemein von seinem Vatterland der Wertheimer genannt / im 104. Jahr seines Alters." Eine Verwandtschaft Wertheimers, der zuweilen auch מווירטהיים aus Wertheim genannt wird, ist freilich nicht nachzuweisen.

[1]) S. „Inschriften" Nr. 336 S. 58.

[2]) Von ihm heißt es, wie mir Herr Rabbiner Dr. A. Stein in Worms mittheilt, im Memorbuche dieser Gemeinde: יזכור אלהים את נשמת הזקן פרנס ומנהיג מ"ח רבי יוסף יוזלן בן חתבר ר' יצחק ווירטהיממר ז"ל בעבור שטרח בצרכי הקהלה ועסק בצרכי צבור באמונה גם חשכים והעריב לבית התפלה ועסק בכל יום בתורה ובתפלה והיה בעל מדות ומעשים טובים וגם נתנו בנדי עבורו עשרה זהובים לחקותו בשכר זה תהא נשמתו צרורה בצרור חחיים עם שאר צדיקים שבגן עדן אמן; s. קביץ על יד III S. 25. 1699 lebte er noch, wie die Approbation seines Sohnes zu חות יאיר zeigt, wo Samson unterschreibt: שמשון בן האלוף זקן ונשוא פנים כמחור"ר יוזלן שלי"ט. Im Memorbuch von Worms findet sich auch das Seelengedächtniß des Vorstehers Liepmann Wertheim und חפרנס והמנהיג כמר ליפמן אליעזר דוד בן חר"ר מאיר הכהן seiner Frau יומלן בת ר' שמשון ebend. 26; als Ahronide kann dieser jedoch

alter ein Mitglied des Vorstandscollegiums von Worms. Das Ansehen der Familie wie die früh erkannte außerordentliche Bedeutung Samsons beweist die eheliche Verbindung mit der fast gleichalterigen Frumet Veronica, der Tochter Isak Brilin's [1]), des Rabbiners von Mannheim, der jungen Wittwe Nathan's, eines früh verstorbenen nahen Verwandten Samuel [2]) Oppenheim's aus Heidelberg. Bereits der Großvater Frumets, Sußmann, Rabbiner von Fulda, der Schüler R. Jacob Günzburg's von Friedburg, hatte sich einen klangvollen Namen unter den Rabbinern der deutschen Judenheit erworben. Sein Sohn Isak, zuerst Rabbiner in Hammelburg, ward nach der Vertreibung seiner Gemeinde 1671 zum Rabbiner von Mannheim erwählt. Hier erfreute er sich der Auszeichnung des persönlichen Umganges mit Karl Ludwig [3]), dem gelehrten, weisen

---

kein Verwandter Wertheimers gewesen sein. Josefs Leichenstein ist in Worms nicht mehr aufzufinden gewesen. Welch hohes Alter Joslin erreicht haben müsse, zeigt die Angabe auf Samsons Grabschrift: בת"רישיש מהר"ר יוסף יוזלן, בן הישיש הקצין כ"ה יוסף יוזלן: und בן הישיש הזקן הר"ר יוסף יוזלן. Über die Verheerungen der Feuersbrunst von 1689 in Worms s. RGA. אבן השחם 66.

1) Ihren Geburtstag, 22. Schewat 5419, d. i. den 15. Februar 1659, und ihren Todestag 21. Nissan 5475 = 18. April 1715 giebt ihr Leichenstein an; s. „Inschriften" Nr. 329. Die Schlußworte ה"ה אשתו [ח]ראשונה sind wohl später hinzugekommen. Isak Brilins Schwester Sarlan war R. Jaïr Bacharachs Gattin; s. L. Lewysohn, „60 Epitaphien" Nr. 39 S. 75. Über Asriel b. Isak Brilin s. Horovitz 2, 44 Anm. 3, 45 Anm. 3.

2) Wenn nach den Akten in Wien Wertheimer Oppenheimers Schwiegersohn genannt wird (s. „Feldzüge" 3 S. 64 und oben S. 22 Anm. 2), so bezieht sich diese Angabe wohl auf Wolf, Samsons Sohn. R. Jaïr Bacharach war mit der Familie Oppenheim auch sonst verwandt und verschwägert. Er nennt Samuel am Schlusse von חות יאיר: למ חותנו, ebenso David Oppenheim, wie auch dieser ihm מחותני anredet s. חות יאיר f. 249ᵃ. Seine einzige Tochter Dobrusch war an Salomon Oppenheim verheirathet; s. Lewysohn a. a. D. Nr. 42—43. Moses Oppenheim in Heidelberg, bei dem R. Jaïr nach der Zerstörung der Gemeinde Worms sich aufhielt, wird von ihm מחותני genannt, Resp. Nr. 134 (s. „Magazin" I S. 83). Vgl. über R. Jaïr Zunz, „Monatstage" S. 1.

3) R. Jaïr Bacharach hat ein denkwürdiges Gespräch R. Isaks mit Karl

und bulbsamen Kurfürsten und Wiederhersteller der Pfalz, der Spinoza nach Heidelberg berufen wollte. Stolzer noch als die Verbindung mit dem allmächtigen, weitaus bedeutendsten jüdischen Handlungshause Deutschlands wird darum Wertheimer die Verwandtschaft mit diesen hervorragenden Gelehrten und mit dem hochgefeierten R. Jaïr Bacharach gemacht haben, dessen Neffe er wurde.

Als Wertheimer Sonntag ben 25. Kislew 5445, d. i. 2. Dezember 1684 [1]) seine neue Heimath Wien betrat, folgten ihm bereits seine Frau und mehrere Kinder im zartesten Alter dahin nach. Neben der Sorge um die Nächsten war der Erhebung und Beglückung aller seiner Angehörigen unausgesetzt sein Denken gewidmet; er ward bald die Vorsehung seiner Familie, zu der er mit besonderem Stolze die Verwandten seiner Frau zählte. Diese hatte in Bamberg einen Bruder[2]), den Gemeindevorsteher Mose Brilin. Als eine Tochter

---

Ludwig, ben er in Folge seiner gelehrten Studien mit Recht רמומטלב בהכמה nennt, in seinem 136. RGA. aufbewahrt. Auf R. Sußmann, seinen Schwiegervater, und bessen Sohn, R. Isak, beruft sich Bacharach auch in methobologischen Fragen RGA. 123 f. 116[b]. Über R. Sußmann f. ben Fortsetzer des צמח דוד (Frankfurt a. M. 1692) f. 46[b]. Über Karl Ludwig f. ADB. 19, 485 ff. Sußmann approbirt 1658 als Rabbiner von Fulba Zebi Cohen's נחלת צבי (Ven. 1661): הקטן חעלוב אליעזר זוסמן בן לא"א יצחק זלה"ה בר"יל"ין und heißt über der Approbation: חרב הזקן כמוה"רר זוסמן יצ׳. 1659 approbiren basselbe Buch Sußmanns Bruder Asriel, der Rabbiner von Heibingsfeld im Würzburgischen, und sein Sohn Isak, יצחק בן לאא הגאון הגדיל חנל מהורל אליעזר זוסמן שלים בריליו מה ק"ק חסלבורג בתפוזן. Noch in Hammelburg approbirt Isak des (nach S. Hock's Notizen) 1685 (תר"ה סיון תמ"ה) in Prag verstorbenen Samuel b. Moses Heiba's Commentar zu הנא דבי אליהו Prag 1676—77. Sußmann בריל, wohl in Schwabach, wird als Mäcen gepriesen von Mobel Fränkel im Vorwort zu אספקלריא המאירה.

[1]) Da Isak Nathan Oppenheimer 1739 im Alter von 60 Jahren [= בכלה] verstarb und Wolf Wertheimer 1703 bereits eine Stütze seines Vaters und von Kaiser Leopold wegen seiner Leistungen ausgezeichnet wurde, so bürfte die Verehelichung Samsons um 1680 stattgefunden haben.

[2]) Er erscheint 1688 auf der Approbation des Rabbinates und der Vorsteher von Bamberg hinter עבודת בורא ed. I. Ich erkenne ihn auch in bem

desselben einem Sohne der ungewöhnlich kundigen, frommen und darum hochberühmten Glückel aus Hameln, die in ihren Memoiren selber darüber berichtet, als Gattin angetraut werden sollte, nahm Wertheimer den jungen Bräutigam nach Wien in sein Haus, wo er ihm mehrere Jahre nach der Sitte der Zeit einen Lehrer hielt. Auch Glückel wollte er dauernd nach Wien bringen, wo ihr in seinem vornehmen Hause zwei besondere Gemächer eingeräumt werden sollten. Schon hatte er ihr zur Reise von Hamburg nach Wien einen kaiserlichen Freipaß erwirkt, als dieser Plan aufgegeben werden mußte[1]).

Sein Neffe Gabriel Jacob Wimpfen war sein Bevollmächtigter in Breslau, der in der Eigenschaft als Wertheim'scher Mandatar sich rasch zu Ansehen und Vermögen erhob. Seinen Vetter und Schwager Isak Arnstein[2]) verwendete er in seinen Diensten, in denen sich dieser bald zu selbstständiger Bedeutung und finanzieller Macht emporschwang. Ebenso dürften seine Schwäger in Eisenstadt[3]) den segensreichen Einfluß seiner Verwandtschaft an sich erfahren haben.

---

im Gemeindebuche von Bamberg cob. 115 der Merzbacheriana Mittwoch 27. Tebeth 1685 unterzeichneten: משה בריילין. Dienstag 2. Tebeth 1733 unterzeichnet daselbst: מאיר בן חרר וואלף בריילין, Montag 19. Ijar 1743: מאיר בן מוהרר שמעון משה בריילין, Mittwoch 22. Ab 1757 und Dienstag 3. Tammus 1760: יוסף בלא״א מוהור״ר שמעון וואלף בריילון.

[1]) Nach Glückels Memoiren Buch V in cob. 91 der Merzbacheriana.

[2]) S. oben S. 45 Anm. 1. Arnstein kann erst nach 1723 Wertheimer's Schwager geworden sein. Seine erste Frau, Jütel, die Tochter des Ascher Anschel Raubers aus Prag, starb nemlich nach ihrer bei L. A. Frankl ausgefallenen Grabschrift (in S. G. Stern's Copie Nr. 152) Freitag den 27. Kislew 5484. In dem Decret des Hofmarschalls Joh. Grafen von Brandiß an Wolf Wertheimer vom 10. November 1725 (Archiv der k. k. Statthalterei in Brünn J 127) heißt Isak Arnstein Wolf's Schwager, d. h. Onkel.

[3]) Asriel b. Isak Brilin war nach einem Aktenstücke des schwarzen Buches in Eisenstadt von Montag 14. Tammus 1708 aus Eisenstadt nach Wien über-siedelt. Wolf Wertheimers Decret lautete auch für Israel Brüll, seinen Kassier, mit Weib und drei kleinen Kindern, wie auch für Wolf Nassau mit Weib und

Durch die Verheirathung der sechs Kinder, die ihm an der Seite seiner Frau glücklich heranwachsen zu sehen vergönnt war, gelang es ihm, das Ansehen seines Hauses in Folge der weise geknüpften Verbindungen mit den mächtigsten und gelehrtesten Familien Österreichs und Deutschlands in sicherem Wachsthum noch allgemach zu steigern. Der Segen des Himmels ruhte sichtlich auf seinem Familienglück; es war der allezeit nährende Boden, aus dem der von den fast aufreibenden Sorgen seines verantwortlichen Berufes erschöpfte Mann stets erneute Kraft schöpfen konnte.

Sein Stiefsohn Isak Nathan Oppenheimer, den seine Mutter als junges Kind in die neue Ehe brachte, erwuchs zu einem angesehenen Mitgliede der Wiener jüdischen Gemeinde[1]); er wurde der

---

zwei Kindern. Brüll, Wolf's Vetter, und Nassau wohnten in Wolf's Häusern unter dem Schutze seines Privilegiums s. Wolf's „Judentaufen" S. 192.

[1]) Juda Löb Teomim im Vorworte zu בגדי אהרן bezeichnet 1710 Isak Oppenheimer ausdrücklich als Stiefsohn Wertheimers: רבנו חורגי האלוף הקצין. Als Mäcen lernen wir המרומם איש ישר וכשר כתר"ר איצק אופנהיים יצ"ו ihn nicht nur hier kennen, auch auf seinem Grabsteine („Inschriften" Nr. 367) wird von ihm gerühmt: הדרתם ורהיל ומוקיר רבנן. Besonders aber preist ihn Jechiel b. Pinchas Auerbach auf der Rückseite des Titelblattes zu הלכה ברורה (Wilmersdorf 1717): וברכות יעלה על ראש משביר הוא הקצין השר והמפאיר ותכדיב אשר שמו נודע בין הנדיבים המפורס[מי]ם כ"ש כתר"ר איצק אופנהיימר נר"ו שהודיל ודהבו וכספו מכיסו לסיי'ע בסעיע שרש בו ממש והחזיק ידו בכל כחתו להביא לבית הדפוס הספר הל"ז לתוציא לאורו זו תורה und ebenso am Schlusse seiner Vorrede: קדוש יאמרו לו איש הישר בעיני האלקים ואדם הקצין המפורסם ותכדיב כתר"ר יצחק אופנהיימר מוויגא אשר כל ימיו מעשיו לש"ש ומספרק ת"ח לומדים מופלגים רבנים ומכובדים. Ihn und seine Gattin verherrlicht auch Juda Perez am Schlusse seiner Vorrede zu פרה לבכין: הקצין האלוף נדיב נדיבות עושה צדקות עם כל בשר ורוח וכמידתו הטוב לחם גומל מטיל מלאי לכיסם של ת"ח ח"ח השר והתכפסר חן גביר דגמיר וסביר כמה"ר איצק אופנהיים נר"ו ואשתו הגבירה המעטירה צטיעה ומשכלת אשת חיל עטרת בעלה נכבדות מדיבר בה ח"ח מרה שרינדל מנשים באוהל תבורך בת המונה הקצין המפורסם כמה"רר אלעזר פרוינג מוויין ז"ל. Als Stiefsohn Wertheimers genoß er den Schutz seines Privilegiums; s. G. Wolf, „Judentaufen" S. 192. 1736 wohnte er und die Familie seines Sohnes Nathan im Greiner'schen Hause auf dem alten Bauernmarkt; s. ebendas.

Schwiegersohn des reichen und als Armeelieferant bekannten Lazar Pösing und dadurch der Schwager Hirz Darmstadts[1]). Sein Sohn war der nachmalige Landrabbiner von Hildesheim und Peine, Hirsch

---

Daß er zu den reichsten Juden Wiens zählte, beweist die Thatsache, daß die Regierung bei dem Zwangsanlehen von 1727 ihm eine Summe von 100,000 fl. auferlegte, die er willig leistete; s. G. Wolf, „Zur Geschichte der Juden in Wien" S. 15. Irrthümlich schreibt Wolf, „Geschichte der Juden in Wien" S. 64: „Nathan Oppenheimer, Wertheimer's Stiefsohn." Nathan war ein Sohn Isaks, der mit ihm in einem Hause wohnte; 1735 verlor er in zwei Monaten zwei Knaben; s. „Inschriften" Nr. 683 und 684. Isak Nathan Oppenheimer starb Mittwoch den 14. Oktober 1739; ebendas. Nr. 367.

[1]) Die Grabschrift (Nr. 378) seiner Donnerstag den 29. August 1741 verstorbenen Gattin Schöndel möge hier als Beweis dafür eine Stelle finden, wie noch schlimmer als von der Zeit an den „Inschriften des alten jüdischen Friedhofes in Wien" in der Ausgabe gesündigt wurde. Fühllos für die Schönheiten dieses kleinen Kunstwerks, hat man das doppelte Akrostichon an den Anfängen der Halbverse wie mit einem Schwamme weggewischt, so daß ich es erst neu entdecken mußte:

שימו בסלע קינה   יושבי חלד האדינה

נהי בכל פינה   הלויי הספדא בדינה

לה בנות ישראל בכינה

בת נדיב רם ומעלה	אשת חיל עטרת בעלה
לבה וירדת לרוחת פתוח	אל עני חביתה וכבה רוח
אילת אהבים ויעלת חן	ידיד נשאה לחוקר ובוחן
זממה סעדה להסמוך בכישור	צותא לחולכים בדרך מישור
רחשה בלב קריצ ופרימה	קולה נתנה ופניה קדימה
פרשה כפרת ותמכת בפלך	אמריה רכים לעשיר והלך
ידת ביד בעלה בקישור	פשוטה לחתזיק עני ולתשור
זכר רב טובת נביעה	נהי קינים והגה טריעה
יי דדי ואבוי במלול	הי יום י"ז לחדש אלול
נתנה ריחה וצמח נמר	יום המישר מעינת מרמר
גמר אומר לדד אחרון	רמת דמיה וישבת חרון מצבת.

S. G. Stern ist, wie ich mich überzeugt habe, an dieser Vernachlässigung unschuldig. Seine Copie zeigt das Akrostichon und die Verse deutlich.

Oppenheim[1]), der sich mit einer Tochter (Gnendel), der Halbschwester seines Vaters, Tolze Wertheimer, vereh. Oppenheim vermählte.

Wolf, der erstgeborene Sohn Samson Wertheimers, in jungen Jahren bereits die Stütze des Vaters, war nicht nur in Unternehmungen und Würden, sondern auch in Gesinnung und Wohlthun sein Nachfolger. Er war Hoffactor und bei allen Finanzoperationen des Staates hülfreich thätig[2]). Durch seine Verehelichung mit Lea[3]), der edlen und hochgepriesenen Tochter des Oberhoffactors Emanuel Oppenheimer wurde die verwandtschaftliche Verknüpfung der zwei ersten jüdischen Familien Wiens eine vollkommene.

Unter allen Kindern Wertheimers hat dieser Sohn, Simon Wolf, die Wandelbarkeit des menschlichen Geschickes am Ergreifendsten er-

---

[1]) Vgl. M. Wiener in „Magazin" I S. 83 und David Oppenheim ebendas. S. 62. Einen Schwiegersohn Isak's, Josef b. Aron, lernen wir als Mäcen Jechiel Auerbach's kennen; s. חלכות ברורות a. a. O. Isak's Tochter Edel war an Simon Jacob, den Sohn Wolf Oppenheims, in Hannover verheirathet; s. Wiener in „Magazin" I, 84.

[2]) Zum Anlehen von 1727 sollte Wolf 100,000 fl. beitragen. Er wies jedoch darauf hin, daß er 600,000 fl. beim Kurfürsten von Baiern und an das Bancalpräsidium einen Vorschuß von 120,000 fl. geleistet habe; s. G. Wolf, „Zur Geschichte der Juden in Wien" S. 14. Die Commission bestand jedoch auf ihrer Forderung, da er „besondere Vorrechte genieße und in einem großen Hause wohne". Über seine Wohnung in der obern Bräunerstraße s. Wolf, „Judentaufen" S. 192. 1731 war das Aerar ihm noch 27,000 fl. schuldig, die u. A. auch von ihm zum Baue der geheimen Haus-, Hof- und Staatskanzlei aufgenommen worden waren; s. Wolf, „Geschichte der k. k. Archive in Wien" S. 23. Der greise 1758 verstorbene Samuel b. Isak aus Meseritsch war Vorbeter in seiner Haussynagoge s. „Inschriften" Nr. 446.

[3]) Ihre in S. G. Stern's Copie erhaltene (Nr. 72), bei Frankl übergangene Grabschrift preist die unvergleichlichen Vorzüge der seltenen Frau. Sie starb bereits am 17. Tischri 1742. Da Lea eine Mitgift von 90,000 fl. erhalten und im Geschäfte ihres Gatten 44,000 fl. hinzu erworben hatte, so betrug der Zehent von der Hälfte ihres Vermögens, den sie durch Testament vom 2. Dezember 1738 zu einer Familienstiftung bestimmte, 6700 fl. (Testament Wolf Wertheimer's).

fahren. Er ist gleichsam der typische Vertreter jener Classe armer
Reicher, unglücklicher Glücklicher, die ihrer Zeit bewiesen, wie die
vielbeneideten weitausgreifenden Creditgeschäfte mit Höfen und Staaten
nicht immer eine Quelle der Bereicherung waren, sondern gar oft
den Ruin des Vermögens zur Folge hatten und mit der Erschütterung
des Credites, der Ehre und des Gemüthes bezahlt werden mußten.
Bereits 1722, beim Leben seines Vaters, stellte er seine nach den
Begriffen der Zeit fürstlichen Reichthümer in den Dienst des Münchener
churfürstlich bayerischen Hofes. Allein schon 1724 wurden die
Zahlungstermine ihm nicht eingehalten, die Rückstände wurden immer
größer, bis man endlich in Folge der Ungunst der Zeiten selbst die
Zinsen nicht mehr bezahlte und die Haltbarkeit der ganzen Schuld frag-
lich wurde. So an der Lebensader seiner Finanzkraft unterbunden,
konnte Wertheimer die eigenen Gläubiger nicht mehr befriedigen und
sah 1733 sich gezwungen, seine „Handlung zu sistiren" und in einem
zu Wien aufgestellten Status seine Lage offen zu entdecken. Wir
sehen ihn jetzt fast alle Zeit in München zubringen, um seinen recht-
mäßigen Forderungen, so gut es gieng, Anerkennung und Berück-
sichtigung zu erwirken, aber die Lage schien immer trostloser werden
zu wollen. Von der 1725 aus dem Erbe des Vaters von den
Geschwistern errichteten frommen Stiftung von 150,000 Gulden kann
er nur die Hälfte der Zinsen zur Vertheilung bringen, von der in
seinen Händen befindlichen Stiftung von 22000 Gulden für die
deutschen Juden in Palästina seit 1733 gar keine Zinsen zahlen.
Diesen fortgesetzten Störungen der Gewissensruhe, dieser Kette von
Kränkungen an Gut und Ehre machte der Entschluß Maximilian III.
Josef's, die Forderungen Wertheimers endlich zu liquidiren, ein er-
lösendes Ende. Die Ehre war gerettet, das Vertrauen seiner
Gläubiger gerechtfertigt; nach der wohl Jahrzehnte lang erduldeten
Unsicherheit war jedes Zugeständniß Gewinn. In seinem Testamente vom 17. Elul 5522 (1762) erklärt Wertheimer: „So ist auch
bekannt, daß von meiner an den frommen Churfürsten und die
löbliche Landschaft in München liquiden großen Forderung im Jahr
der Welt 5513 (1753), bei der mit der churfürstlichen aufgestellten
Schuldenkommission geschehenen Attestirung, mir von derselben ein

unerhörter, hoechst schädlicher Abbruch geschehen ist, und ich leider
nach ihrem Willen habe bequemen müssen, weil ich sonst lebenslang
zu keinem Ende hätte gelangen können." Über drei und ein halb
Millionen beziffert sich die Verkürzung durch Capital- und Zinsen-
verluste bei dieser Liquidation. Aber selbst dieser Ausgleich war
nur seine persönliche Errungenschaft, die Ratification des Liquidations-
schemas vom 1. August 1754 durch den Kurfürsten nur in Betracht
seiner „dem bayerischen Hofe geleisteten Treue und uninteressirten
Dienste" erfolgt. Er bittet darum seine Gläubiger zu bedenken, wie
er seit 1724 sich „zu ihrem Vortheile aufgeopfert habe, und Tag
und Nacht keine Ruhe hatte, um nur von dem Kurfürsten ein
Liquidum zu erhalten, und Jedem best moeglichst zu dem Seinigen
zu verhelfen. Und obschon dieses Liquidum sowohl für alle meine
Creditoren als auch für mich selbst, wie gemeldet, leider höchst schaedlich
erfolgt ist: so werden gleichwohl alle Billiggesinnten erkennen müssen,
daß alle meine Creditoren diese liquidirte Summe von gedachtem
Hofe nie hätten erhalten können, wenn es nicht durch mich zu Stande
gekommen wäre." In dem Jubel seines Herzens, die Armen nicht
fürder verkürzen zu müssen, befiehlt er zur Deckung des erlittenen
Ausfalles seinen Kindern, den fünften Theil seines nach Befriedigung
aller Gläubiger verbleibenden Vermögens einer frommen Stiftung
zuzuwenden und den deutschen Armen Palästinas die 22000 Gulden
unverkürzt abzuzahlen, ob er gleich nach dem Vertrag vom 12. Kislew
5520 (1759) der Gemeinde Frankfurt am Main ihre dazu gespendeten
10,000 Gulden zurückerstattet habe. Nach dem Rathe Salomo's
(Sprüche 23, 4): Mühe dich nicht ab, reich zu werden, laß ab von
deiner Vernunft warnt er sie, in Verantwortlichkeiten über ihr Vermögen und vollends mit großen Herren sich einzulassen. „Nehmt
Euch", ruft er, „nur von mir selbst ein Beispiel, wie viele Müh-
seligkeiten und Leiden mir zugekommen sind, daß ich fast den größten
Theil meines Lebens auf einem fremden Platze und unter fremden
Leuten zugebracht habe, und ohne Gottes unendliche Gnade ich dies
Alles nicht hätte ertragen können"[1]. Durch das älteste und das

---

[1] Dieses Testament ist in München Sonntag den 17. Elul 5522 von

jüngste seiner zehn Kinder war er mit der angesehenen Familie Salomo Cleve's, d. i. Gomperz in Fürth verschwägert; Isaac Wert-heimer war an Cäcilie, Frabel an Elias Gomperz verheirathet. Mit den Erben Salomo's war Wolf durch deren Antheil an diesen seinen Geschäften mit dem Kurfürsten in einen Proceß [1] verwickelt.

Gleich dem Vater blieb er sein Lebelang ein Mäcen und Förderer jüdischer Gelehrten[2]. In seinem Hause hat R. Jonathan Eybeschützer längere Zeit hindurch Unterkunft gefunden[3], wie auch andere Ge-lehrte von Namen als seine Schützlinge bekannt sind[4]. Den Armen des heiligen Landes war seine thatkräftige Fürsorge besonders zu-gewandt. Aus den durch seine Bemühungen zur Unterstützung der

---

Koppel, Sohn des sel. R. Gumpel aus Fürth und Elchanan, Sohn des sel. R. Löw aus Worms als Zeugen unterschrieben worden.

[1] Vgl. R. Ezechiel Landau's RGA. נודע ביהודה ed. I ח"מ Nr. 30, J. S. Etthausen's RGA. אור נעלם Nr. 39 ff. und S. Taussig, Geschichte der Juden in Bayern S. 66.

[2] Jona b. Jakob, der Herausgeber von Bezalel's בבא zu שטה מקובצת מדכרין ומברכין רציטא rühmt im Vorwort Wolf und seinen Schwiegervater: ראשי אלפי ישראל חמת חגבירייס אשר מעולם אנשי השם טוב ה"ה הקצין המפורסם השתדלן הגדיל פרנס ומנהיג כ"ש כהר"ר מענדיל אופנהיים נר"ו וחתנו התורני הקצין המפורסם פ"ן כהר"ר וואלף ווירטשהיים נר"י.

[3] Dies bezeugt Isak, der Sohn seines Lehrers R. Meïr von Eisenstadt (s. Jakob Embens בדיותו בוויינא בבית הקצין ר' וואלף: עדות ביעקב I. 3.): f. 65[b] וויירטשהייים המפורסם והדירא את דבר ה' Vgl. f. 55[a] [75ª]. In Wien war Eybeschütz auch im Hause Mayer Hirschels (s. Wolf, „Judentaufen" S. 193), wo er nach demselben Zeugnisse seinen Umgang mit Löbele Proßnitz fortsetzte, ebendas. f. 67ª: שלקח את רב ליבלי מפרוסטיץ לבית הקצין ר' מאיר פרזונג ודירה והדבר מפורסם לכל קצירי וויינא · · וחכניס: [f. 75b] אתו עמו לטרף ר' חדשים unb ר"ל ליב מפרוסטיץ לבית הקצין ר' מאיר פרזונג. Über den angeblichen Schutz R. Jonathan's durch Eugen von Savoyen s. Beer in Frankels „Monats-schrift" 7, 390.

[4] Über Jechiel Michel Glogau s. Gastfreund a. a. O. S. 98 Anm. 57; Auerbach a. a. O. 62, 76. David b. Juda Sondel aus Skol unterschreibt sich als Wertheimers Hausrabbiner ישב אוהל בבית הקצין III, 43: פנים מאירות המפורסם חר"ר וואלף ווירטשהיים נר"ו.

6*

armen Judenschaft von Jerusalem, Hebron und Saphet gesammelten Geldern ist durch den Stiftsbrief vom 8. August 1808 von Kaiser Franz I. die hierosolymitanische Stiftung [1] errichtet worden.

Seine Handelsverbindungen verbreiteten seinen Ruf auch draußen im Reich. Am 4. Januar 1745 finden wir ihn als einen der vier Notabeln, die über Maßregeln zur Abwendung der von Maria Theresia über die Juden Böhmens verhängten Austreibung berathen, in Augsburg[2]. 1765 starb er auf einer Reise in München. Als er nach Kriegshaber zur Beerdigung überführt wurde, schlossen auf dem Wege die jüdischen Gemeinden von Gunzenhausen, Pfer(ster)[see] und Steppach[3] dem Leichenzuge sich an, um dem verdienten und berühmten Manne die letzten Ehren zu erweisen.

Bei der beschränkten Zahl durch Reichthum und gesellschaftliche Stellung hervorragender jüdischer Familien war es in jener Zeit nur natürlich, daß diese sich mit einander verschwägerten. War Samson Wertheimer durch die Ehe seines Sohnes Wolf mit Lea Oppenheimer mit dieser angesehenen Familie in noch engere Verbindung getreten, so knüpften ihn vollends durch die 1719[4] erfolgte

---

[1] S. v. Savageri, „Chron.-gesch. Sammlung aller bestehenden Stiftungen, Institute der k. k. österr. Monarchie" (Brünn 1832) I, 434 ff. Das Kapital war 1808 zur Höhe von 53,657.30 fl. ö. W. angewachsen. Der Stiftsbrief verordnet, daß aus der Mitte der Wiener Judenschaft „2 Curatoren für diese Stiftung aufgestellt werden sollen, wovon jedesmal einer aus der Werth.'schen Familie u. z. aus dem Grunde sein soll, weil schon die ersten Kollatoren zu ihrem Vorfahren das Zutrauen hatten und wollen wir für bermalen den David W.er, priv. Großhändler und den Banquier Hrn. Freih. Nathan Arnstein zu Kuratoren dieser Stiftung normirt haben."

[2] Wertheimer war gerade zufällig in Augsburg; בצירוף הקצין המפורסם ר"ח וואלף ווירטהיים יצ"ו מוויינה שהוא באקראי כאן; f. Frankel-Grätz, „Monatsschrift" 34 S. 56. Er unterschreibt den Brief der Notabeln nach Venedig: והקטן שמעון וואלף בן אב"ד המפורסם כמדר"ר שמשון ווירטהיים; ebend. S. 57.

[3] Vgl. E. Carmoly in „Ben Chananja" 7 S. 1030.

[4] Nach einer Familientradition soll die Mitgift 100,000 Thaler betragen haben, f. Wiener in „Illustr. Monatshefte für die gesammten Interessen des Judenthums" I (1865), 388.

Verheirathung seines zweiten Sohnes Löb mit Serchen Lehmann,
der Tochter Bärmann Halberstadts, dessen berühmter Bruder Herz
Darmstadt [1]) in Wien wohnte und als Schwager Isak Nathan
Oppenheimer's an dieser neuen Verbindung einen Theil haben
mochte, Bande der Verwandtschaft an die zwei einflußreichsten
jüdischen Häuser des Reiches, an Behrend Lehmann, den polnischen
Residenten, und den mit diesem verschwägerten hannöverischen Kammeragenten Leffmann Behrens. Die drei mächtigsten Schtablanim
ihrer Zeit waren da durch ihre Kinder eng aneinandergeschlossen
worden. Der Schwiegervater Löb Wertheimers genoß besonders ein
wahrhaft fürstliches Ansehen. Er, der 1697 für August den Starken
Quedlinburg an Brandenburg verkauft und in diesem Jahre sowie
1703 an den Verhandlungen desselben über den Thron Polens theil-
genommen [2]) haben soll, war zugleich der providentielle Schirmer und
Wohlthäter seiner Glaubensgenossen, der mit hochherziger Freigiebig-
keit Wohlthaten aussäete nah und fern. Polen, wohin ihn seine
Geschäfte führten, zumal Krakau [3]), genoß nicht minder die Früchte
seines Edelsinns als seine deutsche Heimath und sein Wohnort Halberstadt. Aber alle seine Verdienste konnten das schwarze Verhängniß,

---

[1]) Der gefeierte Mäcen hatte das Unglück, seine Kinder früh zu verlieren.
1727 starben ihm zwei Knaben („Inschriften" Nr. 348—9), 1731 ein Mädchen
(Nr. 352), 1739 ein zweites (Nr. 363), 1748 ein Knabe (Nr. 400), 1749
eine 18jährige Tochter (Nr. 406). Er war wohl der Schwager von Marx und
Meyer Hirschl, Herz Lehmann; s. Wolf, „Judentaufen" S. 192. Die Angabe
bei Auerbach S. 57 Anm. 1, daß er 1746 gestorben, ist unrichtig, da er 1749
noch mit י״צר angeführt wird. Seine Gattin Mirel, die Tochter Lazar Pösings,
starb nach S. G. Stern's Copie der Wiener Grabschriften Nr. 307 am
23. Tebeth, d. i. am 29. Dezember 1733 — statt ב׳ יום l. נ׳.

[2]) Vgl. E. Lehmann a. a. O. S. 17 f., Auerbach a. a. O. S. 46.

[3]) Auerbach ist die alte Krakauer Aufzeichnung unbekannt geblieben, die
הרב חסו׳׳מ הנגיד ר׳ יששכר בערמאן ב׳׳ר 2 S. 42 mitgetheilt wird:
ישדא לימא סג׳׳ל מהאלבערשטאט פעל צדיקות אין סמרית והציל נפשות רבות
מישראל בהשחיזלות אצל מלכות פולין וחדיל וחב מכיסי להחפסת חש׳׳ס וכבר
מדטו לומדי תורת ה׳ והחמיד להם בתי מדרש וגם במה ביהכ׳׳נ בקראקא על
תוצאותיו. Vgl. oben S. 60 Anm. 1.

das in den Sternen geschrieben stand, von seinem Hause nicht ab-
wenden. Er hatte seine zweite Tochter, Lea, an Isak Behrens, den
Sohn Leffmann's in Hannover [1]), gleich dem Vater Oberhoffactor,
verheirathet. Die finanzielle Katastrophe, die 1721 über diesen Isak
und seinen Bruder Gumpert hereinbrach, riß auch Bärmann und seine
Familie in die Wirbel ihrer leidenreichen Folgen. Wer heute im
Lichte einer freieren Zeit dem Laufe des an grausamer Härte und
Torturen ohne Maß so reichen Prozesses [2]) folgt, in den die hannö-

---

[1]) Über Liepmann Cohen, der sich deutsch Leffmann Behrens schrieb, vgl.
M. Wiener in Frankel-Grätz' „Monatsschrift" 13, 161 ff., המגיד 18 S. 149,
„Magazin" I S. 12, 27 und VI S. 59 ff., dessen Arbeiten sämmtlich E. Lehmann a. a. O. unbekannt geblieben zu sein scheinen. Im Archiv der k. k. Statthalterei in Brünn (J 115) ist ein Rescript Kaiser Josef I vom 27. März 1711
vorhanden, worin dieser den Landeshauptmann anweist, einen großen Rest der
dem Churfürstl. Hannöverschen Hofagenten Leffmann Berent auf Mähren assig-
nirten Gelder aus dem Znaimer Kreise per Executionem einzubringen s. oben
S. 37 Anm. 1. Aus Glückel Hameln's Memoiren lernen wir Liepmann als
ihren Schwager kennen. Er war auch ein Vetter Jost Liebmanns und seines
Bruders, des Berliner Rabbiners Wolf, des Verfassers von נחלת בנימין;
s. Landshuth תולדות אנשי שם S. 2 f. In der Approbation zu
רפדוני בתפוחים (Berlin 1712) nennt sein Schwiegersohn, R. David
Oppenheim, dessen Haus: בבית הועד לחכמים פרנס הדור חמי המפורסם הר״ר,
ליכמן מזרע דאהרן, ebenso in der zu חות יאיר. S. auch Mose b. Menachem's
הרע קודש Vorrede. Ein Sohn Liepmann's starb 1697 auf der Heimreise von
Nikolsburg in Dessau, wie Abraham b. Juba b. Nisan im Vorwort zu בית יהודה
berichtet. Ein anderer Sohn Hirz war der Mäcen Mose Meïr Perls' s. dessen
מגילת ספר. Da Moses Jacob nach einer handschriftlichen Randbemerkung
Wiener's zu „Monatsschrift" 13 S. 162 Z. 4 v. u. bereits 1660 vom Herzog
Wilhelm von Celle Schutz auf acht Jahre für Lüneburg erhält, so wird Liepmann
wohl vor 1630 geboren sein. Die Söhne dieses Moses Jacob, Mordechai
Gumpel und Isak, sind die Mäcene, die den Druck der Responsen Elia b. Samuel's
aus Lublin יד אליהו (Amsterdam 1711—12) ermöglichten.

[2]) Die Geschichte seiner Leiden sowie der seines Bruders Gumpert hat Isak
Behrens selber 1738 in einer Familienmegilla zum ewigen Gedächtniß aufgezeichnet,
von der die Rosenthaliana in Amsterdam eine Handschrift bewahrt (s. Roest,
„Catalog" 2 S. 1171). J. M. Jost hat sie aus dem jüdisch-deutschen Urtexte

verischen Oberhoffactoren und deren Familien verwickelt wurden,
dem ist zu Muthe, als wäre er aus der Enge und der Nacht der
Katakomben zum Tage emporgestiegen. Nur mit lautschlagendem
Herzen kann man selbst heute noch die in ihrer Schlichtheit den
Athem beklemmende Erzählung der Folterungen lesen, denen die
Söhne des um das Fürstenhaus Hannovers so verdienten Leffmann
Behrens wiederholt ausgesetzt wurden. Löb Wertheimer [1]) blieb
nicht verschont; die Verfolgungen der in ihren Forderungen, als
gälte es, eine Familienverschwörung zu bekämpfen, wie blind drein-
fahrenden deutschen Gerichte haben auch ihn ereilt, aber die öster-
reichischen Behörden scheinen ihm kräftigen Schutz geleistet zu haben.
Hoffactor und reichbegütert wie sein Bruder, blieb er von den

---

ins Hochdeutsche übertragen; s. „Jahrbuch für die Geschichte der Israeliten" 2,
41—82. Namensberichtigungen aus den Acten des Prozesses lieferte M. Wiener,
„Monatsschrift" 13 S. 173 Anm. 7, Datencorrekturen L. Cohen in „Jüdisches
Litteraturblatt" 1887 S. 61. Cod. 334 Hamburg, den Steinschneider,
„Catalog der hebräischen Handschriften in der Stadtbibliothek zu Hamburg"
S. 162 mit der Familie Gumpert Behrens in Hannover in Beziehung bringt,
bedarf noch der Untersuchung.

[1]) Während der Verhaftung Isak Behrens' muß Löb mit seiner Frau in
Hannover zu Besuche gewesen sein. Gleich zu Anfange der Megilla (bei Jost
S. 53) theilt Isak mit, daß er bei der Abreise aus Hannover am 31. März
1721 an seinen Schwager Löb Wertheim und an dessen Frau Sarchen Grüße
mit einer Entschuldigung geschickt habe, daß er von ihnen keinen Abschied genommen habe. Aus der Erbschaft Bärmann Halberstadts waren Löb zwei
Wechselbriefe zu je 10,000 Reichsthalern und noch mehrere andere Obligationen
zugefallen, weshalb der Curator auch gegen ihn die Klage anstrengte; s. „Monatsschrift" 13 S. 181 Anm. 8. Wieners Erwartung, daß sich noch aus in Wien
vorhandenen Acten vielleicht ersehen lasse, „wie das kaiserliche Gericht gegen den
Hoffactor entschieden hat" (ebendas.), scheint unerfüllbar. Im k. k. Haus-, Hof-
und Staatsarchiv in Wien finden sich nur noch, wie mir mein Freund Prof. Dr.
D. H. Müller mittheilt, unter Decisa lit. B fasc. 264 drei Stücke aus den
Jahren 1728 und 1729 in Sachen Behrend Lehmann gegen die Brüder Gumpert
und Isaak Behrens in puncto cessi capitalis. Über die Mitleidenschaft Bärmann's
bei diesem Prozeß s. Auerbach S. 82, 84.

finanziellen Erschütterungen, von denen dieser Prozeß begleitet war, unberührt. Für das weitreichende Ansehen, in dem auch er gestanden haben muß, spricht die 1745 erfolgte Heirath seiner Tochter Mirjam, die Elia, dem Sohne des hochberühmten Bendit Gomperz, nach Nymwegen folgte. Durch diese edle, aber unglückliche Tochter wurde Wertheimer der Stammvater eines ausgebreiteten Zweiges der Familie Gomperz. Er starb Samstag den 12. Februar 1763 in Wien, wo sein Grabmal[1] noch erhalten ist; seine Gattin folgte ihm noch im selben Jahre am 10. Dezember nach.

Wenn die Söhne[2] durch ihre Frauen die Macht und den Einfluß des Wertheimerischen Hauses mehrten, so hoben die Töchter durch ihre Männer seinen Ruhm und sein Ansehen; das aufgehende Licht Jonathan Eybeschützers war dem Scharfblicke Wertheimers nicht entgangen, aber die phänomenalen Geistesgaben des jungen Mannes vermochten ihn gleichwohl nicht dazu, wie er es anfänglich beabsichtigt haben soll, ihn zu seinem ersten Schwiegersohne[3] auszuersehen. Seine Wahl fiel vielmehr auf Bernard Eskeles, den von Seiten

---

[1] S. „Inschriften" Nr. 467; Serchen's Grabschrift s. ebendas. Nr. 480.

[2] Irrthümlich behauptet G. Wolf, „Joseph Wertheimer" S. 24: „Doch hat sich dessen [Samson W.'s] Familie nicht hier [Wien] fortgepflanzt; einige seiner Söhne sind wieder ins Reich hinausgezogen."

[3] Wie mir Herr Rabbiner S. L. Brill im Namen R. Meïr Perls' mittheilt, soll Eybeschützer die Gunst Wertheimers durch den folgenden Umstand verscherzt haben: Dieser hatte seinen Freund R. Meïr b. Isak eigenst zu dem Zwecke nach Wien berufen, den genialen Jüngling, der einst sein Schüler gewesen war, genauer anzusehen und zu prüfen. Am Sabbat Nachmittag gab der gefeierte Talmudmeister eine seiner scharfsinnigsten Distinctionen einer halachischen Materie [Chilluk] zum Besten. Kurz nach Sabbatausgang erschien Eybeschütz mit einem Papier, auf dem er genau dasselbe längst selbstständig aufgezeichnet haben wollte; er hatte aber nur soeben rasch aus seinem verblüffend starken Gedächtnisse das Gehörte niedergeschrieben und durch Asche der Schrift den Schein des Alters gegeben. Das scherzhafte Kunststück erregte Wertheimers Mißfallen; so durfte sein Schwiegersohn nicht handeln. Vgl. M. Ehrentheil, „Jüdische Charakterbilder" 1 S. 3. Einen Brief R. Berusch's an R. David Oppenheim in Sachen Eybeschützer's vom Jahre 1725 s. Frankl-Grätz' „Monatsschrift" 36, 208.

seines Vaters wie seiner Mutter durch eine stolze Reihe hochberühmter Ahnen ausgezeichneten Sohn des Metzer Rabbiners Gabriel Eskeles[1]), eines Urgroßneffen des hohen R. Löw von Prag.

Um der Hochzeitsfeier seines Sohnes anzuwohnen, erbat sich der ob seiner Frömmigkeit und Gelehrsamkeit in seiner Gemeinde allgemein verehrte R. Gabriel einen Urlaub für ein volles Jahr[2]). Wohl 1706 zog er mit seiner Gattin, dem Bräutigam und dessen damals noch lebendem Bruder Löb nach Wien. Ein Hochzeitsfest wurde da gefeiert, wie es dem fürstlichen Ansehen und Reichthume[3]) des Schwiegervaters entsprach, so herrlich, daß man sagte, es sei

---

[1]) Die Ahnenfolge Gabriel's bis zu Sinai b. Bezalel, den Bruder R. Liwa's f. משה אהרן vor משה בן משה R. Mose's aus Przemysl = רמשר IV (1864) S. 115 und 116 [irrth. 204]. Die Genealogie seiner Gattin Esther enthält ihre Grabschrift; f. M. Warnheim קבוצת חכמים S. 118. Vgl. auch den Leichenstein R. Berusch's, ihres Sohnes, „Inschriften" Nr. 424 S. 78, wo מנח בן מנח של קודש כאול (Bechoroth f. 5ᵃ) auf die adelige Abstammung an-spielt. Über die Amtsthätigkeit Gabriel's in Metz f. „Revue des études juives" 8 S. 258 ff., in Nikolsburg Gastfreund a. a. O. 67. Meïr b. Isak nennt er: מחותני; f. טבים מאירות I Nr. 42. 1710 starb ihm in jungen Jahren sein Sohn Juda Löb in Frankfurt a. M.; f. Horovitz a. a. O. 2 S. 99 — Wolf, „Bibl. hebr." IV, 1217.

[2]) Ich entnehme alle diese Angaben dem Schlusse des 7. Buches in den Memoiren Glückel Hameln's. Hierdurch lichtet sich das Dunkel über das Inter-regnum im Rabbinate von Metz, das Cahen „Revue" 8, 260 f. nicht aufzuhellen vermochte. Da Broda von der Regierung am 30. September 1709 bestätigt wurde und Glückel Hameln angiebt, daß aus dem Einen Jahre Urlaub gegen drei wurden, so dürfte Eskeles' Abreise 1706 erfolgt sein. Ich mache darauf aufmerksam, daß die jüdischen Landtage in Mähren, die sonst von 3 zu 3 oder 4 Jahren abgehalten wurden, nach den Protokollen zwischen der Versammlung von Ungarisch-Brod 1701, der David Oppenheim präsidirt, und der von Butschowitz 1709, die bereits Eskeles leitet, eine Lücke klafft, offenbar in Folge der Vacanz des Landesrabbinates.

[3]) Glückel Hameln meldet ausdrücklich, daß die Mitgift sammt den Ge-schenken über 30,000 Gulden betragen habe, wodurch die Anekdote von der durch 70,000 Gulden aufgewogenen Einäugigkeit (כ״ין תחת עין) von Eskeles' Braut (f. „Inschriften" XVIII) als unwahr entfällt.

dergleichen unter Juden überhaupt noch nicht vorgekommen. Aber Wertheimer scheint auch an dem Vater seines Schwiegersohnes ganz besonderes Gefallen gefunden und zur Annahme des damals unbesetzten mährischen Landesrabbinates ihn bestimmt zu haben. Gereizt von der ihm angebotenen Ehrenstelle, seiner alten Gemeinde anhänglich und verpflichtet, gerieth Eskeles vor eine Wahl, in der er sich schwer entscheiden konnte. Da fällte das Schicksal statt seiner die Entscheidung. Der Urlaub war verstrichen, daheim das Gerücht laut geworden, er wolle Metz aufgeben und für immer verlassen, vergebens übernahm es der greise und angesehene, mit ihm verschwägerte R. Aron Worms [1]), die Gemeinde zu vertrösten und hinzuhalten, der Unmuth und die Ungeduld der des Hirten entbehrenden Heerde waren nicht mehr zu zügeln, man schritt zu einer neuen Wahl, die der Gewählte, R. Abraham Broda [2]) aus Prag, anzunehmen nicht zögerte. Umsonst schickte Eskeles seinen Sohn nach Metz, zu spät ging er endlich selbst dahin, es waren an die drei Jahre vergangen, seitdem er die Gemeinde verlassen und hingehalten, die Parteiungen und Kämpfe kamen durch sein Erscheinen auf dem Schauplatze zu verschärftem Ausbruche, aber die neue Wahl war nicht umzustoßen; er hatte aufgehört, Rabbiner von Metz zu sein. Das Schwanken hatte ein Ende, das mährische Landesrabbinat hatte einen würdigen neuen Vertreter gefunden. R. Gabriel verließ Metz, um sich in Nikolsburg, wo er im Hause Salomon Teutsch's wohnte, dauernd niederzulassen.

Dieses sein Amt übernahm nach R. Gabriel's Tode 1718 sein Sohn Berend, ohne jedoch seinen Wohnsitz in Wien, an das ihn seine Geschäfte knüpften, darum aufzugeben. Nur zu vorübergehendem Aufenthalte pflegte er nach Nikolsburg zu kommen, wo er im Hause seines Verwandten und Geschäftsfreundes Markbreit Wohnung

---

[1]) Vgl. „Revue" 8, 267 ff. Als Rabbiner von Mannheim approbirte er 1688 Akiba Bär's עבודת הבורא ed. I.

[2]) Vgl. „Revue" 8, 261 ff., Horovitz a. a. O. 2 S. 79 ff. Broda war der Schüler R. Isak Landau's, genannt חריף, in Krakau (vgl. J. M. Zunz a. a. O. 127 ff.); s. die Vorrede Schemarja Salman's aus Leipnik zu נחלת יעקב. Daß

nahm. Es war nicht ohne Beispiel, daß der Landesrabbiner nicht in
Mähren domicilirt war, sondern nur zu zeitweiligem Aufenthalte
dahin kam. So hatte bereits R. David Oppenheim[1]) nur sein Ab=
steigequartier in Nikolsburg, wo er einige Male im Jahre in Landes=
angelegenheiten sich aufhielt. Auch hatte Kaiser Karl VI. bereits
am 14. Juli 1719 Samson Wertheimer ein Decret verliehen, „womit
Er nicht allein bei den ihm ertheilten Privilegien gnädigst manutenirt,
sondern auch sein Tochtermann als Mährischer Land=Rabbiner zu
dessen und seiner Bedienten hin und wieder rehß im Land, ab=
sonderlich aber in unser K. Stadt Brünn ohne einig prätendirenden
Leib=Zoll subsistiren zu können, mit einem absonderlichen Paß ver=
sehen möchte." Gleichwohl erwuchsen aus diesem scheinbar doppelten
Domicil für Eskeles allerhand Schwierigkeiten und Vexationen, die
ihm vornehmlich der Brünner Magistrat unermüdlich bereitete. So
oft er mit den 6 Landesältesten im Berathung öffentlicher Ange=
legenheiten, zur Aufbringung und Verrechnung des Toleranzgeldes
in Brünn zusammenkommen wollte, wurden er und seine Bedienten
„turbirt", der Verdacht, daß er in Mähren Handel treibe, gegen
ihn erhoben, Leibzoll von ihm gefordert, der Eintritt nur beim
Judenthore gestattet, kurz Alles angewendet, was ihm den Aufent=
halt in der Stadt verleiden konnte. Aber Eskeles stand auf seinem
Scheine, seine Subsistenz=, Passir=, Repassir= und Actionsfreiheit
war in den Privilegien der Wertheimer'schen Familie gewährleistet,

---

B. nicht 1703, wie Cahen meint, nach Metz gieng, beweist schon der Umstand,
daß er Ende 1705 noch Rabbiner in Prag war, — dort starb ihm nach S. Hock's
Notizen am 1. Tage Succoth 5466 ein Mädchen, Namens Chajja — und dort
13. Nisan 1708 noch ראשית בכורים (Frankfurt a. M. 1708) durch seinen
Secretär approbiren ließ.

[1]) Aus der Antwort der Landesältesten auf die Frage der Landeshaupt=
mannschaft in Betreff des Domicils der mährischen Landesrabbiner (J 127).
Ahron Markbreit, der Schwiegersohn des Vorstehers Salman R. Koppels, wohl
der reichste Kaufmann Nikolsburgs, in dessen Handlung sein Vettersohn Abraham
Levi 1719 bis zum Brande ein halbes Jahr bedienstet war (s. „Letterbode" 10,
163), war wohl ein Verwandter Wertheimer's s. oben S. 68 Anm. 1. Eskeles
hatte, wie die Landesältesten angeben, einen Credit von 5000 Gulden.

er forberte ausbrücklich, „bei allen Thören" in Brünn eintreten zu
bürfen. Vergebens berief sich der Magistrat barauf, baß das Aus-
treibungsmanbat bes Königs Labislaus 1454 bie Stadt von allen
Juben befreit habe, am 26. Juni 1739 warb Eskeles ein kaiserlicher Generalpaß ausgestellt unb am 16. August 1740 ber Landeshauptmann von Karl VI. angewiesen, baß bem Landrabbiner Berend
Gabriel Eskeles gleich seinem verstorbenen Schwiegervater Simson
Wertheimer, wenn er in rebus officii herein kommet, keine Hinberung
gemacht, sondern aller Schutz ohne Leibzoll-Abforberung geleistet
werbe[1]).

Am 10. September 1725 verlieh ihm Kaiser Karl VI. auch bie
Würbe bes burch ben Tob seines Schwiegervaters erlebigten ungarischen
Landesrabbinats. Die Ernennungsurkunde[2]), die Wertheimers hervor-

---

[1]) Diese Darstellung ruht auf ben Akten im Archiv ber k. k. mährischen
Statthalterei J 120, 127, 161, nach Mittheilungen meines Schwagers Dr. J.
H. Oppenheim, bessen unermüblicher Hingebung ich alle Aufschlüsse aus ben
Brünner Archivalien verbanke.

[2]) Das im Deckel eines Buches ber ungarischen Akabemie zu Budapest aufge-
funbene Diplom, bas burch bas Messer bes Buchbinders arg verstümmelt wurde, hat
P. Hunfalvy in „Új magyar muzeum" VI (1856) 2 S. 51—53 veröffentlicht;
im Archiv ber Akabemie ist es heute nicht mehr aufzufinben. Bei C. von Wurzbach,
„Biographisches Lexicon" IV, 80, bessen Angaben über biese Urkunde zu berichtigen
sinb, heißt Wertheimer Samiel. Der auf bie Ernennung Eskeles' bezügliche Passus
lautet: habentes Considerationem ad nominis famam, et in rebus Mosaicis
sufficientem capacitatem Bernhardi Gabrielis Eskeles judaeorum in Mar-
chionatu nostro Moraviae existentium Supremi Rabbini, Eundem Bernardum
Gabrielem Eskeles tamquam suprafati Simsonis condam Wertheimber Gene-
rum in Supremum universorum in praedicto Regno nostro Hungariae
existentium judaeorum Rabbi — — dum et nominandum, ac simul benigne
annuendum esse duximus in omnibus illis juribus, praerogativis et Autho-
ritate, quibus praedecessor et socer ipsius usus est — — — nardus Gabriel
Eskeles per omnem vitam suam uti et gaudere, Causasque et contro-
versias Judaeorum ad invicem habitas, universosque inter eosdem emer-
suros Discord — — — cicae et politicae Judaeorum in facie loci com-
ponere et sopire, taliterque Negotiationem quoque eorumdem et Creditum
procurare ac stabilire, in eumque Statum, ut tam Aerario nostro, quam —

ragende Verdienste um den österreichischen Staat betont, bemerkt aus⸗
drücklich, daß neben der Dankbarkeit für den dahingeschiedenen Oberhof⸗
factor auch die Rücksicht auf den großen Ruf und die rabbinische
Gelehrsamkeit des mährischen Landesrabbiners Bernard Eskeles die
kaiserliche Wahl bestimmt habe. Gleich seinem Schwiegervater hielt
er einen rabbinischen Gerichtshof zu Wien, der unter seinem Vorsitze
mit der Leitung der ungarisch⸗jüdischen Landesangelegenheiten
betraut war[1]. Zu dem Ruhme, den er durch seinen glänzenden
Scharfsinn in jungen Jahren als Rabbiner zahlreicher Ge⸗
meinden[2] begründet hatte, gesellte er später durch die Macht
seines Einflusses bei Hofe und seines ansehnlichen Reichthums auch
die Ehrentitel eines Schirmers und Wohlthäters seiner Glaubens⸗
genossen, über die er unter der Regierung Maria Theresia's in
Böhmen namenlose Leiden und in Mähren schwere Gefahren herein⸗
brechen sah[3]. Er starb in Wien am 2. März 1753, kaum vier

---

sub quorum protectione degunt — — inos proventus et Census exactius
praestare possint, redigere debeat et teneatur. In den Acten des schwarzen
Buches der Eisenstädter Gemeinde findet sich bereits 1725 eine Entscheidung von
Eskeles mit der Unterschrift:

ונפסק זה ואושר ויקויים בכל תוקף ועוז יצא מאתי פה

ק״ק א״ש יום א׳ כ״ז תמוז תפח לפ״ק

נאם חק׳ ישששכר ב`ר מקראקא אקק` נ`ש ומדינת מעהרן ופקק אש
ומדינת חגר ומצ`ש על ק`ק ומדינת מגענצא יצ`א.

[1] Vgl. z. B. im schwarzen Buche von Eisenstadt die Entscheidung vom
1. Abar 1728.

[2] Vgl. die Aufzählung: Kremsier, Proßnitz und Mainz, „Inschriften"
Nr. 424 S. 79. Juda Selig aus Glogau citirt ihn קול יהודה (Fürth 1769)
f. 27ª, den Vater Gabriel f. 7ª, 11ª, 12ª, 13ᵈ.

[3] Vgl. Grätz, „Geschichte der Juden" X S. 392, 394. Auf seinem
Grabstein heißt es daher: עד די בורסוירה רמא והגבהה למעלה על כל מדיניות
מעהרין ומדיניות חגר ושם ניכר בשמו ובמעשיו ובמקומי שהיה עומד בצד
הפרצה בהיכל המלך ושרים לעשות סייג בשושנים שלא יפרצו בהן פרצות.
Der Reichthum des Mannes ist u. A. auch durch die Thatsache erkennbar, daß er,
der Landrabbiner von Ungarn und Mähren, zur Anleihe von 1727 40,000 fl.
zahlen sollte; s. Wolf, „Zur Geschichte der Juden in Wien" S. 15. Die Raten

Jahre nach seiner ersten Gattin Eva [1]) (gest. Sonntag den 31. August 1749).

Seine zweite Tochter Sara verheirathete Wertheimer an Mose, zur Kann oder schlechtweg Kann genannt, nach Frankfurt am Main. Dieser durch tiefgründige rabbinische Gelehrsamkeit wie durch seine Sitte, durch Abstammung und Wohlhabenheit ausgezeichnete Mann, der alle deutschen Gemeinden mit seinem Ruhme erfüllte, begnügte sich damit, das Rabbinat von Darmstadt zu verwalten und in der Klause seines Schwiegervaters lehrend und leitend seine stille, aber von hohen Erfolgen begleitete Wirksamkeit zu entfalten. Aus der Beglückung, die es seiner Gattin gewährte, ihn Schüler um sich schaaren, jüdisches Wissen verbreiten zu sehen, können wir auf die fromme, feste und schlichte Erziehung schließen, die Wertheimer seinen Töchtern angedeihen ließ. Durch die edle Gastlichkeit, die wissensfreundliche Gesinnung und einnehmende Leutseligkeit Mose's und Sara's wurde das Haus Kann der Sammelpunkt der bildungsbeflissenen Kreise, ein Herd der Gesittung und Cultur unter den Frankfurter Juden. Einer der frühesten Sprosser, die den jungen Morgen

---

der Summe, welche die böhmischen Juden der Regierung für Wiedergewährung ihrer Privilegien zu borgen sich verpflichteten, sollte Eskeles auszahlen; s. G. Wolf, „Judentaufen" S. 34. Vgl. über Eskeles R. Brüll in S. Szántó's „Wiener Jahrbuch für Israeliten" 5628 S. 204 ff., „die alten Statuten der jüdischen Gemeinden in Mähren" ed. G. Wolf S. VII, 138 § 8, 146 und „Neuzeit" 6, 103.

[1]) S. „Inschriften" Nr. 690. Bernhard Eskeles, der große Finanzmann, der Beirath Josef II. und Franz I., war, wie sein Name zeigt, ein nachgeborener Sohn des Landesrabbiners, was den Biographen entgangen ist; s. z. B. Wurzbach IV, 79, „Allg. Deutsch. Biogr." s. v. B. v. Eskeles war ein Sohn aus der zweiten Ehe seines Vaters, der auch ein Mädchen entstammte, das sechs Wochen vor dem Tode R. Berusch's starb; s. „Inschriften" Nr. 691. Vgl. Carmoly in „Ben Chananja" 5, 13. 1752 werden als Kinder B. G. Eskeles' angegeben: Esther und Lea; s. „Neuzeit" 6, 31. Der Adelung B. v. Eskeles' gedenkt 1798 J. E. Landau לישראל חק II, 42ᵇ. Über seine in den jüdischen Gemeinden Mähren's noch segensreich fortwirkende Stiftung s. M. Wiener in „Illust. Monatshefte" I, 387—94 und M. H. Friedländer, „Kore Habboroth" S. 27 ff.

der Aufklärung in der deutschen Judenheit verkündet haben, Dr. Anselm
Worms [1]), gleich gelehrt in Medicin und Philosophie wie im jüdischen Schriftthum, widmet seinen hebräischen Schlüssel der Algebra
in einer lateinischen Dedicationsepistel dem hochsinnigen Klausrabbiner,
nicht ohne seiner trefflichen Gattin dankbar zu gedenken. Aber es
war ein kurzes Glück, das diesen auserlesenen Menschen beschieden war.
Montag Abend, am 17. Juli 1724 [2]) starb Sara, wohl auf einer Reise
nach den Heilquellen Böhmens in Eger; auf dem jüdischen Friedhofe
zu Königswart wurde sie zur ewigen Ruhe bestattet. Ihrem greisen
Vater scheint ob der Nachricht von ihrem frühen Tode das Herz
gebrochen zu sein; er hat nicht drei Wochen lang sein geliebtes Kind
überlebt.

Die glänzendste Verbindung blieb Wertheimer für seine dritte
Tochter, Tolza, aufbehalten; sie wurde die Gattin Josef's, des ein-
zigen Sohnes R. David Oppenheim's. Der Abkömmling eines der
ältesten, wahrhaft adeligen jüdischen Geschlechter, der Neffe Samuel

---

[1]) Vgl. Horovitz 3 S. 62 ff., „Jüdische Ärzte" S. 35 ff.

[2]) S. Horovitz 3 S. 16 Anm. 3. Nach Auerbach S. 48 soll Moses
Kann 1707 beim Begräbniß Mirjam's, der Frau Bärmann Halberstadts, als
Schwiegersohn zugegen gewesen sein. Dies scheint nach Horovitz ebendas. Anm. 2
sich nicht zu bestätigen. Das Frankfurter Memorbuch rühmt, wie mir Herr Rabbiner Dr. M. Horovitz mittheilt, von Sara Wertheimer-Kann: את אלקים יזכור
נשמת האשה הרבנית הצנועה והחסידה מרת שארלה בת הגאון המפורסם ומהלל
במשבחות אב״ד ור״מ כש״ת מהו׳ שמשון וורטהיימ׳ נר״ו אשה כשרה בנשים
צדקניות שבדור, דורה ראו ושמחו מה זו עשתה צדקה בכל עת אשר לה קיוותה
נפשה נפש חפצה למען צדקה להגדיל תורה ולהאדירה ולמשמע אוזן תאזה
נפשה לשמע מחני מילי מעליותא דאתמר בר מדרשא ואיידי דאתא חביב עליה
מצוה בשעתה ואודה בזמנה בא יבא ברנה זו תפלה שגורה ורגיל על
לשונה באימה ובדיראה יראת ד׳ היא תתהלל בחלל הגדול לפי גדלה לפי רוב
העניים ורוב ענוה יתירה .... הלכה לעולמה עלמא דקשוט כהצות אור ליום ג׳
כ״ד חמה תפ״ד בעיר איגר ונקברת בשם טוב בו ביום בק״ק קיננגשווארט ונקראת
בקריאתה זה חללה בפי כל הרבנית מרת שרלה בת .. אשת חרב הגדול מהור״ר
משה קן נרי׳ אב״ד ור״מ רב״ה ומדינת דרמשטט רע״א. Der Hofjude Zacharias
Fränkel in Fürth (s. Haenle S. 87, 146) war, wie R. Eleasar Kalir im Vorwort zu אור חדש II überliefert, Kann's Schwiegersohn.

Oppenheimer's, der Schwiegersohn des hannöverischen Oberhoffactors
Liepmann Cohen, der Schwager des allverehrten Rabbiners
Jacob Backofen (Reischer)[1]), der Schwiegervater des so berühmten
Ahnen entsprossenen R. Chajjim Jona Teomim-Fränkel[2]), Rabbiners

---

[1]) In der Approbation zu Mose Zakut's קול חרים נ"ז nennt Reischer David
Oppenheim גיסי. Über Jacob Backofen s. „Revue des études juives" 8 S. 271 ff.,
wo jedoch S. 272 sein Todestag mit Zunz, „Monatstage" S. 5 als der
28. Januar 1733 zu berichtigen ist. Zunz macht ihn ebendas. zum „Schwieger-
sohn David Oppenheimer's". Vgl. S. Hock in R. Lieben's „Gal-Ed" S. 52.
Sein Sohn Josef, der Verfasser von גבעת עולם cob. Oxford 626—9, starb nach
S. Hocks Notizen als Rabbinatsassessor von Prag שבט תוצא) 1731. Seine
Tochter Gütel war an den Primator von Prag Abraham b. Israel Duschenes-
Hurwitz, den Enkel R. Feiwel's, (s. „Gal-Ed" Nr. 102) verheirathet. Nach ihrem
Tode שבט תצ"ה) stiftete ihr Gatte 1738 zu ihrem Andenken einen Vorhang für
die Altneuschule. Abraham starb im Elul 1758. Er überlebte seinen 1752
verstorbenen Sohn Simeon, den Schwiegersohn des Mainzer Rabbiners Mose
Brandeis (nach S. Hock's Notizen). Juda Loeb b. Isachar Baer Oppenheim,
Rabbiner in Pfersee und Schwaben (s. „Magazin" 1, 62) war ein Schwestersohn
Oppenheims s. R. Samuel Helmans Approbation zu den RGA R. Isak b. Sa-
muel Levi's (Neuwied 1736). David Grünhut מגדול דוד f. 20ᵇ nennt R. Wolf
Hecht als Lehrer O.'s. Bei O.'s Onkel Hirz Wal in Frankfurt a. M. traf im
Sommer 1689 Jaïr Bacharach mit ihm zusammen s. חות יאיר Nr. 166 Anf.

[2]) Es war die kundige Tochter Oppenheim's, Sara, die Fränkel zur Frau
hatte; s. El. Flekeles בתי דהמפורסמת מ' שרה אשת II f. 47ᵃ: תשובה מאהבה
הרב הגאון מו"ה חיים יונה זצלל"ה; vgl. Brann in „Jubelschrift zum 70.
Geburtstage des Prof. Dr. H. Grätz" S. 237 Anm. 3; Brüll, „Jahrbücher"
7, 186; s. auch פרת לבנון f. 21ᵈ, קול יהודה f. 18ᵃ. Eine zweite Tochter war
an Phöbus (פייבש), Sohn Selig Cohen's aus Hannover, verheirathet; ihn nennt
Eljakim Götz als seinen Mäcen bei der Herausgabe von מגיני שלמה (Amster-
bam 1715). Ein anderer Schwiegersohn Oppenheims war Michael b. Aron
Oppenheim, Rabbiner von Friedburg und Offenbach; siehe „Magazin" I, 83.
Dieser war der Urururgroßvater David Oppenheim's, des zu früh heimgegangenen
vielbeklagten Vaters meines Schwagers Dr. J. H. Oppenheim in Brünn (ebendas.
S. 63). Michaels Bruder Hirz war der Stammvater der Familie Meyerbeer, s.
Landshuth תולדות אנשי השם S. 9 und 11 Anm. 4.

von Breslau, war David Oppenheim der Licht und Ruhm aus=
strahlende Mittelpunkt eines ebenso mächtigen als ausgezeichneten
Kreises. Ebenso groß wie die ererbte war die persönliche Bedeutung
des Mannes. Ihm genügte es nicht, das gedruckt vorliegende Schrift=
thum zu beherrschen, als ein besonders vom Glück begünstigter Sammler
vertiefte er sich auch in dessen handschriftliche Schätze, die er zu der
weltberühmten Bibliothek vereinigte, welche heute den Glanz Oxfords
bildet. Aber seine edle Sammelleidenschaft ließ ihm Mittel genug, sich
als Fürst im Wohlthun und als Mäcen ohne Gleichen zu bewähren.
Er hatte bereits längst das mährische mit dem böhmischen Landes=
rabbinate vertauscht, als sein Sohn, halb ein Jüngling, das Rab=
binat der Gemeinde Holleschau[1]) in Mähren übernahm. Aber

---

[1]) Samuel aus Krakau, der Herausgeber von קול הרמ״ז, nennt ihn vor
1719 im Vorwort: ח״ח האברך אב בחכמה דרך בשמים · מלא תורה ומצות
כרימונים · ח״ח הרב המאור הגדול · כבודו יתנשא ויתגרל ·נ״י מ״ח ע״ה כ״ש
המפורסם כמוהר״ר יוסף אופנהיים נ״י׳ · לעד יורח אורו · אב״ד ור״מ דק״ק
[מעטרין [L. העליששריא ועגלילות (ו)במדינית פרהם. Juda Perez a. a. O. rühmt
sein Mäcenatenthum: לחרב הגדול מופלא ומופלג בתורה ובשבע מידות שמנ חכמים
לצדיקים רודף אחר חמצות אחר התורה ולומדיה ח״ח אב״ד ור״מ דק״ק העלששריא
הרב הגדול מהר״ר; ebenso Eljakim Götz im Vorwort zu מגיני שלמה :כמוהר״ר יוסף
יוסף חתן הגאון הגדול המפורסם מוד׳רר שמשון מק״ק וויין יוס״ק ה׳ עליו ברכה
בלי ערכה. Jacob b. Joel Tiktin aus Brisk, der mehr als zehn Jahre in seinem
Hause verpflegt wurde und bei der Herausgabe des שארית יעקב (Altona 1727)
sich seines Mäcenatenthums erfreute, preist ihn im Vorworte: יוסף איש אשר ה׳
עמו ומצלית בכל אשר לו יפה תיאר חכמת תורתו האיר פני יפה מראה נחמד
בעירי אלהים ואדם מצא חן ושכל טוב ומטיב לכל ח״ח הרב הגדול הקצין וחמדיב
על נדיבת יקום כבוד שמו כמה׳ר׳ר יוסף נ״ו לק״ק שמ צ״ס לק״ק העלשיא. Vgl. auch
den Dank des Jecheskel b. Pinchas für die Unterstützung bei der Herausgabe des
Nachlasses seines Vaters und seines Schwiegervaters Israel Juda Loeb b. Jakob
Purjes im Vorwort zu ברית שלום (Frankfurt a. M. 1718). Der einzige Sohn
Josefs, dem Vater gleich von ausnehmender Schönheit, starb als Kind wohl 1712
durch einen Sturz aus dem Wagen auf einer Baderreise nach Karlsbad. Er war
wider den Willen des an dem Kinde hängenden Großvaters R. David auf das
Zureden Nechemja Chajun's und angeblich im Glauben an die Kraft eines von
diesem gefertigten Amuletes mitgenommen worden; s. R. Naftali Kohen's Be=

Kaufmann, Samson Wertheimer.   7

bereits 1721 begegnen wir Josef Oppenheim als kaiserlichem Factor in Hannover, in dem Unglücksjahre seiner Familie, das auch ihn zwang, in dem Prozesse Stellung zu nehmen, der die Schwäger seines Vaters, Isak und Gumpert Behrens, zu Boden schmetterte. Gleich seinem Vater war auch er ein Mäcen der jüdischen Litteratur[1]). Er starb vor der Zeit am 21. Juli 1739 zu Hannover[2]), kaum drei Jahre nach seinem Vater.

Die jüngste Tochter Wertheimers, Hanna, war an Seligmann Berend Kohn, genannt Sallomon, Vorsteher in Hamburg, offenbar aus der Familie des hannöverischen Kammeragenten Leffmann Behrens, verheirathet. An einen Sohn dieses Seligmann Sallomon, Isak[3]),

---

richt bei Emden תורת הקנאות ed. Lemberg S. 69. Zipser im „Orient" 8 L. B. S. 382 und Gastfreund a. a. O. S. 80 machen irrthümlich den Vater Josefs, David Oppenheim, zu Wertheimers Schwiegersohn. Die Bilder Josefs und seiner Eltern David und Gnendel Oppenheim sind in Hannover vorhanden; s. M. Wiener in „Magazin" I, 83. Die Synagoge von Hildesheim bewahrt kostbare, von Elkana Naumburg, dem berühmten Goldsticker, angefertigte Paramente, die Josef und Tolza Oppenheim der Gemeinde schenkten. Tolza gehörte das Exemplar des deutschen Zemach David in der Oppenheim'schen Bibliothek 836 Qu., in dem von ihres Gatten Familie so Rühmliches zu lesen steht (s. oben S. 3 Anm.); s. Zeitschr. f. d. G. d. J. i. D. 2, 151, 1. In Holleschau, wo ein Brand im Anfang dieses Jahrhunderts, wie mir Herr Rabbiner M. Pollak mittheilt, das Gemeindearchiv in Asche legte, hat sich keine Erinnerung an Josef erhalten. Nicht einmal das mit dem Jahre 1660 beginnende Memorbuch nennt seinen Namen. Den Irrthum, als ob es einen Sohn David Oppenheim's, Namens Hirschel, gegeben hätte (s. Zunz, „Zur Geschichte" S. 237), widerlegt M. Wiener, „Magazin" I S. 27 f.

[1]) Vgl. z. B. Meïr b. Isak's Commentar zu Sebachim פנים מאירות I, ben Josef auf seine Kosten drucken ließ. Abraham b. Mose Jel. Kaufmann preist ihn im Vorworte zu מגן אברהם (Amsterdam 1732).

[2]) S. M. Wiener in „Magazin" I, 28, 83; „Monatsschrift" 13, 170.

[3]) S. Zunz, „Zur Geschichte" S. 237. Wiener, „Monatsschrift" a. a. O. sagt: „in den Besitz eines gewissen Isaac ben Seligmann in Hamburg, der mit der Familie Oppenheimer verwandt war." Wohl durch Josef Oppenheim empfohlen, fand Jacob b. Joël Aufnahme und Unterstützung im Hause Juda Seligman

scheint nach Josef Oppenheim's, seines Oheims, Tode die damals bereits auf 150,000 Reichsthaler geschätzte, in Wahrheit unschätzbare Sammlung David Oppenheim's übergegangen zu sein. Hanna starb am 5. Februar 1738 und ward in Altona beigesetzt, wo noch ihr Grabstein steht. [1])

Der zweiten Ehe Samson Wertheimer's mit Magdalena (Merle), der Tochter Löb Berlin's, die „ein bekanntes gescheutes Weib" genannt wird [2]), entsproß ein Knabe, der beim Tode seines Vaters sechs Jahre alt war. In welchen Verhältnissen das „Waisenkind" zurückblieb, beweisen die 50,000 fl., die bei der Anleihe von 1727

Cohens in Hamburg, den er im Vorwort zu שארית יעקב verherrlicht: האלוף
המרוממם הראש והקצין האבריך אב בחכמה ורך בשנים רבא בר רבא המזכתר בג'
כתרים כתר תורה וכתר כהונה וכתר מלכו' מאן מלכי דרבנן וכתר שמו הטוב נשמע
למרחוק עולה על גבידון ד"ח כבוד שמו כמהר"ר יהודה ועליגמן הכהן ברא כרעא
דאבוה.

[1]) Ich verdanke die Copie dieser Grabschrift Nr. 3249 Herrn J. E. Witt-kower in Altona:

פה

נגנזה קרית חב"ח עליזה

כלילא דוורדא שלא בטינתה

אשה חכמה וצנועה וחסידה

אשת חיל יראת ה' היא תתהלל

ובצדקתה תמיד ידה מכיסה לא זזה

מרת חנה מרים בת מזה בן

מזה הגאון אב"ד הקצין

המפורסם מוהר"רר שמשון

ווערטהיים מוחין אשת הרבני

הקצין המפורסם פ"ו

מוהר"רר זלינגמן כהן נפטר'

ונקברה יום ד' ט"ו שבט

תצ"ח   לפ"ק

ת נ צ ב ה

[2]) S. G. Wolf, „Zur Geschichte der Juden in Wien" S. 14. Bei Wolf, „Geschichte der Juden in Wien" S. 65 heißt es irrthümlich: „die minderjährigen Söhne Wertheimer's hatten fl. 50,000 zu geben;" über seinen Hausstand im Jahre 1754 s. „Neuzeit" 6, 80 f.

7*

von der Vormundschaft gezahlt werden sollten. Noch beim Leben des Vaters wurde er, kaum sechs Jahre alt, mit der ihm gleichalterigen [1]) Veronica, der Tochter Wolf Wertheimer's, nach der in vornehmen Familien zu jener Zeit herrschenden Sitte „baldigst verlobt." Josef Josel Wertheimber, der Namensträger seines Großvaters, starb 1761 [2]) in der Blüthe seines Mannesalters in Wien, wo er durch talmudisches Wissen, Reichthum und Wohlthun eine angesehene Stellung erreicht hatte. Seine Frau überlebte ihn um 20 Jahre [3]).

Beruhigt und voll gehobenen Dankgefühls gegen eine gnadenreiche Vorsehung konnte Samson Wertheimer das väterliche Auge auf seinen Kindern in der Runde weilen lassen. Die schlichte, ernste, ganz und voll im Judenthum wurzelnde Erziehung hatte reiche und herrliche Früchte gezeitigt. Familienglück, Reichthum und Ansehen, eine durch Freude am Wissen und fortbauende Gelehrsamkeit allezeit ausgefüllte und erheiterte Muße, alle Quellen des Lebensgenusses waren vorhanden, nur die, welche alle speist und erhält, versagte, die Gesundheit, die leibliche Stärke. Wertheimer war vor der Zeit

---

[1]) Wolf Wertheimer gab der ersten nach dem Tode seiner Mutter, also nach 1715 geborenen Tochter deren Namen Frumet.

[2]) S. „Inschriften" Nr. 462. Aus S. G. Stern's Copie Nr. 42 ist vor dem Epitaph das fehlende ט"פ zu ergänzen, in Z. 3 הקצין in קצין und S. 87 Z. 1 מוסרּס' in מסורּס' zu verbessern.

[3]) Ebendas. Nr. 699. ט"פ fehlt in dem Abdruck, in dem auch das Akrostichon שרה פרומט וערטהיים verwischt ist. Die Wittwe hatte den Schmerz, zwei Töchter, Eva Sara, die Frau Isak Preßburg's (ebendas. Nr. 697), und Merle, die Frau Josel's, des Sohnes Samuel Wertheim's, kurz nacheinander zu verlieren; kaum ein halbes Jahr darauf folgte sie ihnen im Tode. In der Grabschrift Merle's, die trotz der Wiederholung (ebendas. 534 und 698) im Druck um ihr Akrostichon gekommen ist, ist nach S. G. Stern's Copie Nr. 56 zu lesen:

מים ע זים רבים לא יכילו   בת עין חשך ולא אור יחילו

תחורני תקימו ונס חדימו ועמי' חקחילו   מחררי קדם מראש צורים בקול ילילו

ריזל מים ותדמע עלי משפט מסילו   וו ח לוי נחפך אשכלותי' לא תבשילו

מערלי בת התורי מחרר"י ריזל [= יוסף ייזל] וו ח   Es ergiebt sich somit:

[= וערטהיים].

gealtert. Anstrengende Reisen, unabläſſige Sorgen haben ihn gebrochen. In den vom Hauſe aus feſten Bau ſeines Körpers hatte
früh der heimliche Zerſtörer, die Gicht, ſich eingeniſtet. Schon
Kaiſer Leopold ſprach von ſeinen abſumirten Leibeskräften. Sein
Bart war weiß geworden, lange bevor er in die Sechziger trat.

Wer die Stellung der Juden unter Karl VI. nach den vielen
Verordnungen und Beſchränkungen [1]) beurtheilt, die er gegen ſie
unermüdlich erließ, der müßte annehmen, daß die letzten Lebensjahre
Wertheimers tief verdüſtert waren. Allein der Stachelzaun quälender
Vorſchriften war für die Juden zugleich ein Schutz. Die wiederholt
angedrohten Ausweiſungen beruhigten den gehäſſigen Pöbel und
dienten zugleich mehr als Steuerſchraube, die erniedrigenden Erläſſe
waren gleichſam Ventile, durch welche die in den Kreiſen des Spieß-
bürgerthums bedenklich gegen die Juden ſich ſteigernde Spannung
gemildert wurde. Es war ein fauler Friede freilich, eine Duldung
auf Zeit, von der ſelbſt den Beſten und Verdienteſten gegenüber
nicht etwa die Ausnahme ewiger, erblicher Stättigkeit bewilligt wurde,
aber man hatte die Mittel, die Opfer zu bringen, die begehrt wurden, auf die es eigentlich abgeſehen war. Auch wäre es ungerecht,
die zahlreichen freundlichen und wohlgeſinnten Verfügungen zu über-
ſehen, denen Karl VI. bei verſchiedenen Gelegenheiten zu Gunſten
der Juden ſeine Zuſtimmung lieh. Man wird billig annehmen
dürfen, daß ein Mann wie Wertheimer durch ſein bloßes Daſein
einen wohlthätigen Einfluß auf die ſeine Glaubensgenoſſen betreffenden
Entſchließungen des ihm ſo gnädig zugethanen Monarchen geübt
haben werde; er hat es aber auch unzweifelhaft an thatkräftigem
Eintreten für ſeine bedrohten Brüder nicht fehlen laſſen. Es iſt
ſicherlich kein Zufall, daß das härteſte und unwürdigſte Judengeſetz,
zu dem Karl VI. ſich verſtand, das von den Familien, richtiger das
von der Entziehung des natürlichſten Menſchenrechtes, des Anſpruches
auf Gründung einer Familie, wonach nur der erſtgeborene Sohn

---

[1]) Vgl. G. Wolf, „Judentaufen“ S. 28 ff., „Geſchichte der Juden in
Wien“ S. 62 ff.

eines Juden heirathen durfte, erst zwei Jahre nach Wertheimer's Tode, am 25. September 1726 [1]) erlassen wurde.

Eine der letzten Bemühungen Wertheimers im Dienste seiner Glaubensbrüder galt den Juden Nikolsburgs. Donnerstag den 10. August 1719 hatte eine Feuersbrunst, die im Hause Meïr Teutsch's ausbrach, die blühende Gemeinde in Asche gelegt [2]). In einem Zeitraum von zwei Stunden waren ungefähr siebenhundert jüdische Häuser niedergebrannt; ein einziges war in der allgemeinen Zerstörung stehen geblieben. Der Gottesacker ward die Herberge der obdachlosen Gemeinde; Grabhügel waren ihre Kopfkissen in der dem Unglückstage folgenden schauerlichen Nacht. Wieder einmal zeigten sich die Folgen der fürchterlichen Enge, in welche die jüdischen Wohnungen zusammengepfercht waren; der Mangel an einem freien geschützten Platze, auf den man Hab und Gut und Leben hätte retten können, hatte die Noth und Verzweiflung der eingeäscherten Gemeinde aufs Höchste gesteigert. Da vernahm Wertheimer, daß Tribunalrath von Walldorf in Brünn einen ihm gehörigen freien Platz in der Nähe des jüdischen Friedhofes in Nikolsburg verkaufen wolle. Sofort trat er mit dem Besitzer in Unterhandlung und bat in einem Gesuche am 30. Juni 1721 Kaiser Karl VI. um Ertheilung des allergnädigsten Consenses, diesen vor der Stadt öde liegenden Garten ex causa boni publici kaufen zu dürfen. Es war wirklich das Gemeinwohl, in dessen Interesse er auftrat. Er wies darauf hin, wie diese Enge in Epidemieen oder, wie er sagte, bei der leidigen „contagion" auch für die Christen sich gefährlich erweise und mehr noch bei Feuersbrünsten schaden müsse, wo, wie sich erst jüngst gezeigt habe, die ganze Gemeinde Nikolsburg dadurch ruinirt wurde. Er

---

[1]) S. die Bestimmungen dieses Gesetzes, einer Neuauflage der bereits von Pharao allerdings allgemeiner getroffenen Maßregel bei G. Wolf, „Judentaufen" S. 34.

[2]) Über diese Katastrophe hat Abraham Levi als Augenzeuge berichtet s. „Letterbode" 10 S. 165 f. Damals verbrannte auch die große Büchersammlung des Isachar Bär b. Perez, des Schwiegersohnes David Michel Stettins s. Vorwort zu בית ישראל Berlin 1726.

konnte sich darauf berufen, wie in Frankfurt am Main und Wien
eben darum der Ankauf freier Gründe ihm bewilligt worden war
oder, wie es in dem Gesuche heißt: „gestalten eben auch desgleichen
zu Frankfurt a. M. Ungeacht dem, von so vielen Seculen von Röm.
Kayßern habenden Privilegien und deren Stättigkeit, daß außer der
Judengassen die geringste Grundstückchen von dessen Christ. territoriis
zu erkaufen auf einig erdenkl. weiß nicht zugelassen worden, noch
werden, dennoch gleich wie die vidim. Abschrifft zeiget, von Euren
Keyß. Mayt. auf allunterthäst. gehorsten Vortrag des hochl. Reichshoff
Raths, allen andern Juden aber ohne Consequenz, vor mich aller-
gnädigst resolviret, auch von dem albasig löbl. Magistrat in die
würckl. possession der alldassig bürgerl. Stadts-Ordnung nach sogleich
gesetzt worden bin, nicht weniger in dero Kgl. Haubt- und Residenz
Stadt Wien röne maines freyen Hoff Quartieres auf des graff
Rappach-Hauses auf der Cämereysteg (?) mittelst dero hochlöbl. hoff
Kriegsrath allerunterthst. beschihenen Vortrag beschihen ist". Der
Rath der Stadt Nikolsburg war Gründen unzugänglich. Der freie
Platz sei mit Weingärten verbunden, was dem Prior Unzukömmlich-
keiten bereiten würde, auch hätten die Juden einmal bereits solch
einen Raum verbaut und würden es jetzt wieder thun. Vergeblich
wurden vom Landeshauptmann ein Landescommissär mit einer Commission nach Nikolsburg entsendet, der Eifer der Behörden war
gegenstandslos geworden; man hatte Walldorf so lange zugesetzt, er
möge „aus christlicher caritas" den Platz der Stadt verkaufen, bis
er den Grund, für den ihm Wertheimer 2500 fl. geboten hatte, um
1700 fl. abtrat[1].

Für sich und seine Familie suchte Wertheimer nur Schutz und
Sicherung der erworbenen Rechte. Da ein Privilegium für länger
als 20 Jahre, wie es scheint, von einem Juden nicht zu erreichen
war, so beschränkte er sich darauf, über die Durchführung der ihm
zugestandenen Vergünstigungen zu wachen und seine Freiheiten den

---

[1] Die Akten über dieses Gesuch Wertheimers, das an den Landeshauptmann von Mähren zur Äußerung geschickt wurde, haben sich im Archiv der k. k.
Statthalterei in Brünn unter J 101 erhalten.

Behörden in Erinnerung zu bringen. Am 28. November 1721 schärft Karl VI. ben ungarischen Ämtern die Privilegien und die durch seine Ernennung zum ungarischen Landesrabbiner erhaltenen Befugnisse Wertheimers nachdrücklichst durch das folgende Rescript von Neuem ein[1]):

Carolus Sextus Divinā favente clementiā electus Romanorum Imperator semper Augustus, ac Germaniae, Hispaniarum, Hungariae, Bohemiaeque Rex;

Spectabilis, ac Magnifici, et Egregii Fideles Nobis dilecti; Posteaquàm adhuc in anno millesimo septingentesimo duodecimo sub initium mox susceptae nostrae in Romanorum Imperatorem Inaugurationis ad demissam Caesarei, et Serenissimarum Imperatricis, et Dominae nostrae Conthoralis clarissimae: item et Dominae Amaliae Wilhelminae Imperatricis Viduae, prouti etiam Regii Polonico-Saxonici: nec non Reverendissimorum, ac Serenissimorum Moguntini, Trevirensis, et Comitis Palatini Rheni Sacri, Romani Imperij Principum Electorum, aliorumque Ducum, Landgraviorum, compluriumque Statuum Imperialium respectivè Supremi Factoris, Judaeorumque in haereditarijs Regnis et Ditionibus nostris commorantium Archi-Rabbini Simsonis Wertheimber Instantiam binas Eidem Simsoni Wertheimber à Sacratissimis quondam Imperatoribus, et Regibus Hungariae Leopoldo Primo Genitore, nec non Josepho Fratre, et Praedecessoribus pientissimae memoriae nostris desideratissimis priores quidem sub dato vigesimae nonae Mensis Augusti Anni millesimi septingentesimi tertij, posteriores verò sub dato vigesimae secundae Maij Anni millesimi septingentesimi quinti concessas et extradatas Privilegiales literas, mediantibus quibus idem memoratus Simson Wertheimber ex rationibus, et motivis ibidem uberius depromptis in Supremum Factorem Aulicum promotus, Idemque, ac Ejusdem Filius Wolfgangus alijque legitimi Ipsius Descendentes, prout et Agnati, et Cognati Ejusdem ab omni pensione Tricesimae, Telonij, Nauli, de rebus nempè, et mercibus, quae non ad quaestum in: vel educuntur, item arrestis, repressalijs, et alijs quibusvis itinerarijs, ac domesticis ne fors causandis impedimentis immunitatibus, exemptus, et liber usque ad Annum Decretorium millesimum septingentesimum trigesimum quintum pronunciatus exstiterat, benignè confirmaverimus, Eundem-

---

[1]) Die Urkunde ist im k. ungar. Landesarchiv im Original vorhanden unter Ben. Res. d. d.

que Simsonem Wertheimber non modò in nostrum, sed et praememoratae Serenissimae Dominae Conthoralis nostrae Factorem Aulicum cum praerogativis, ac immunitatibus in praecitatis literis Privilegialibus expressis, et insertis, juxta benignissimum desuper elargitum, hicceque in paribus acclusum Diploma Caesareo-Regium constituerimus: Ipsumque Simsonem Wertheimber, ita et dictum Filium Suum Wolfgangum, caeterosque Cognatos, et homines suos praesertim in suscTpiendis servitium nostrum Caesareo-Regium, et bonum publicum concernentibus itineribus, à Cujusvis Tricesimae, Nauli, et Telonij pensione /: exceptis tamen, uti praemissum est, Mercimonijs per Eundem, ac Eosdem quaestûs gratiâ in: vel educendis, adeoque taxabilibus :/ usque ad praenotatum annum decretorium millesimum septingentesimum trigesimum quintum immunes, exemptos, et liberos pronunciaverimus: Insuperque praerepetitum Simsonem Wertheimer tenore alterius Diplomatis, sub vigesima Sexta Mensis Augusti anni millesimi, septingentesimi decimi septimi hic aequè in paribus annexi pro Archi- sive superiori Judaeorum Rabbino, et in Causa Judaei contra Judaeum prima Instantia clementer declaraverimus.

Proindeque Fidelitatibus vestris id ipsum benigne insinuantes clementer committimus, ac demandamus, quatenùs praelibata bina hicce in paribus acclusa Diplomata tam respectu Privilegiorum, quàm etiam ipsi Simsoni Wertheimer collati Superioris inter Judaeos Iudicatûs officij, indeque Eidem competentis praerogativae, et titulaturae non modò ad notam sumere, verùm etiam id ipsum tam Camerali Administrationi Scepusiensi, quam etiam Inspectioni Budensi, aliisque officialibus, signanter autem omnibus, et singulis Vobis subordinatis Tricesimatoribus, Teloniatoribus, prout et Provisoribus, in quantum illos attinet, pro debita observatione notificare velint, ac debeant; Executurae in eo benignam mentem, ac voluntatem nostram;

Dabamus in Civitate nostra Viennae die vigesimâ octavâ Novembris, Annô millesimô septingentesimô vigesimô primô, Regnorum Nostrorum Romani undecimô, Hispaniarum decimô nonô, Hungarici verò et Bohemici etiam undecimo

Carolus.

Joa: Franc Comes â Dietrichstain.

Ad Mandatum Sac.ᵃᵉ Caes.ᵃᵉ et Catholicae, Hungaricaeque Regiae Mattis proprium.

Joannes Jacobus Comes â Lowenburg.

Sein Glück und die Gnade seines Kaisers blieben ihm treu bis
an sein Ende und gingen selbst noch auf seine Söhne und Nachkommen über. Beruhigt kann noch 1762 sein Sohn Wolf sein eigenes
Testament dem Schutz der österreichischen Majestäten mit der Be-
gründung empfehlen, „nachdem mein Vater, der seelige Rabbiner,
dem allerhöchsten Hause Oestreich fünfzig Jahre lang gar viel er-
sprießliche Dienste sowohl in Kriegs- als in Friedenszeiten, durch
seinen Credit, wie das in unseren Haenden habende kaiserliche
Privilegium klar verlautet, alleruntertänigst geleistet hat." Alles
in Allem genommen, war Samson Wertheimer glücklicher als alle
diejenigen unter seinen Glaubensgenossen, welche vor ihm und
neben ihm die Gunst der Fürsten genossen und den Schutz der
Juden gleichsam in Erbpacht genommen haben. Des edlen Mar-
dochai Meisel [1]) Testament wurde nach seinem Tode 1601, ob
er auch Regierungsrath gewesen und ein kaiserliches Insiegel ge-
führt haben soll, umgestoßen; all seine Verdienste vermochten seine
Reichthümer nicht vor der Confiscation zu schützen. Der von Ferdinand II. geadelte Jakob Basschewi von Treuenberg [2]) mußte von
Prag, wo sein Kaiser ihn erhoben und durch die Schenkung ansehn-
licher Häuser ausgezeichnet hatte, um 1630 nach Gitschin sich zurück-
ziehen. Dem Tode Samuel Oppenheimer's folgte die schwere finanzielle Katastrophe seines Hauses, die eine Zeit lang, ob sie auch
glücklich vorüberging, sein Andenken schwärzte; 1721 hat seine Wittwe
Wien verlassen müssen [3]); das Privilegium expirirte, die Duldung
hatte ein Ende. Der hannöverische Oberhoffactor Liepmann Cohen
schien das Glück seiner Familie mit ins Grab genommen zu haben;
sein Ansehen, sein Einfluß, alle Dankbarkeit war vergessen, da sie
seine Söhne von namenlosen Peinigungen hätten retten sollen.
Bärmann Levi in Halberstadt sah noch mit eigenen Augen den

---

[1]) Vgl. S. Hock in „Gal-Ed" S. 18.

[2]) Ebendas. S. 27.

[3]) S. Carmoly in „Ben Chananja" 7 S. 1031. Wolf Oppenheimer,
Samuel's jüngerer Sohn, war bereits vor 1711 nach Hannover gezogen, wo er
eine Enkelin Liepmann Cohen's geheirathet hatte; s. Wiener in „Magazin" I S. 82.

Glücksstern seines Hauses erbleichen; sein ältester Sohn, Lehmann
Berend in Dresden, gerieth in Concurs.[1]) Ganz zu geschweigen
der Wandelbarkeit in den Schicksalen der Hofjuden, die in der Gunst
kleinerer deutscher Fürsten sich sonnten und weder der Stellung noch
dem Charakter nach mit Wertheimer in Einem Athem genannt zu
werden verdienen; wie Mücken, die in das Licht fallen, um das sie
wirbeln, so endeten diese Eintagswesen, von derselben Laune ver-
nichtet, die ihnen einen kurzen Glanz verliehen hatte. War doch
Elkan Fränkel[2]), der Allmächtige des Ansbacher Hofes, auf Befehl
des Markgrafen Carl Wilhelm Friedrich am 2. November 1712
öffentlich von Scharfrichtersknechten gestäupt und auf dem Schinders-
karren nach der Wülzburg geschleppt worden. Langsamer, aber noch
schrecklicher war am selben Hofe Isaac Nathan's[3]) Sturz und Ende.

Ob es Wertheimer aber gleich erspart blieb, den Wechsel mensch-
licher Geschicke, die Hinfälligkeit des Glückes an sich und den Seinen
kennen zu lernen, er rechnete mit diesen Mächten, wie kein Weiser
sie außer Augen läßt. Vor seinem in die Zukunft dringenden Blicke
erschien das Bild seiner Familie, wie sie ausgebreitet, verzweigt und
verästelt in immer neuen Stammhäusern zu fast undurchbringlicher
Dichte anwuchs, wie man wohl vom Urwald sagt, daß Äste sich
darin zu Boden senken und als neue Stämme in die Höhe schießen.
Es war sein letzter Gedanke, dem er nur mehr noch mündlich im
Kreise der Seinen Ausdruck leihen konnte, dem aber erst seine Kinder
die Form gaben, eine Stiftung aufzurichten, die Abkömmlingen seines
Hauses bis ins zehnte Geschlecht in bedrückter Lage aufzuhelfen be-
rufen sein sollte. Aber als die Seinen betrachtete er auch die frommen
Werke, die er im Leben geübt hatte und die er auch nach seinem
Tode fortgeübt sehen mochte. Daher wurden die Klaus in Frank-
furt am Main, der Jugendunterricht in Hamburg, in Eisenstadt und
Nikolsburg, dem einstigen Stammsitz des mährischen Landesrabbinats,

---

[1]) S. E. Lehmann a. a. O. S. 66.

[2]) S. Haenle, „Geschichte der Juden im ehemaligen Fürstenthume Ansbach" S. 81 ff.

[3]) Ebendas. S. 92 ff.

in diesem seinem letzten Willen ausdrücklich als ewige Legatare
bedacht[1]).

In den Grundzügen dürfte der Plan einer solchen Stiftung
ihm längst vorgeschwebt haben. In dem Testamentsentwurfe von
1717[2]), der den Adel seiner Seele und sein weises Herz besonders
kennzeichnet, sind für das Familienlegat bereits 50,000 Gulden an-
gesetzt. Das Vermögen, so verordnete er damals, Dienstag den
16. Ijar 477 vor Hahneskrähen, in schwerer Krankheit, soll untheilbar
bleiben, nur die Zinsen erhalten die Erben nach ihren Antheilen.
Josel, den Sohn seines Alters, bestimmte er dem Studium des
Talmuds und der Gottesgelehrtheit. „Es ist mein ausdrücklicher
Wunsch und Wille, gültig übrigens für alle meine Kinder, daß
weder auf Geld noch auf Schönheit, Ehren und Größe Rücksicht
genommen werde, er heirathe vielmehr die Tochter eines in Israel
angesehenen hochgeehrten Gelehrten." Ein armes Mädchen solcher
Abkunft soll 25—30,000 Gulden rheinisch aus seiner Hinterlassen-
schaft als Ehrenaussteuer erhalten. Fünfzig Gelehrte und ihre
Familien sollten nach den Bestimmungen seines letzten Willens ihre
Versorgung finden. Wolf ernennt er zum Testamentsvollstrecker.
Und ob auch dieses Testament nicht rechtskräftig wurde, die Grund-
gedanken gelangten zur Ausführung, dank der beispiellosen Hingebung seiner Kinder und Enkel, die den Willen des edlen Stifters
wie ein heiliges Vermächtniß hüteten und aus allen Gefahren als
lebendig fortwirkende That zu retten verstanden.

---

[1]) Vgl. v. Savageri a. a. O. 437 ff.; G. Wolf, „Josef Wertheimer"
S. 337 ff. Wenn der Dispositionsaufsatz vom 1. September 1724 herrührt, so
kann dies, da Wertheimer am 6. August starb, nur bedeuten, daß die münd-
lichen Verfügungen des Erblassers nach seinem Tode an diesem Tage aufgezeichnet
wurden. Eine Geschichte dieser Stiftung die von den Schwankungen der österreichischen Staatspapiere so hart betroffen wurde, verdiente eine Monographie,
zu der die Materialien aus den Akten der „Administration der Wertheimberschen
Familienstiftungen" sich ergeben müssen.

[2]) Die Einsicht in die im Archiv des k. k. Landesgerichtes in Wien bewahrte
Übersetzung dieses Entwurfes verdanke ich Herrn Oberrabbiner Josef Weiße.

Als durch die Liquidirung der am bayerischen Hofe ins Wanken gerathenen Forderung Wolf Wertheimers das fast verloren geglaubte Stiftungskapital von 150,000 Gulden zu neuem Leben erwachte [1]), versammelten sich im Winter 1769 auf 1770 die Enkel Samson Wertheimers, Samuel, der Sohn Wolfs, Isaak, der Sohn Mose

---

[1]) „Dem gemäß, so heißt es in der Übersetzung dieses ursprünglich hebräisch abgefaßten Transacts, blieb gedachtes Kapital vom Jahre der Welt 5485 (1725) an, in der Hand meines Vaters und unseres Onkels, des seligen Herrn Wolf Wertheim stehen. Durch Veränderungen der Schicksale, die sich in der Zwischenzeit zutrugen, traf die strafende Hand Gottes das Vermögen desselben, wie allgemein bekannt. Der größte Theil des Reichthums, mit welchem ihn Gott früherhin begnadigte, war nämlich in den Händen Seiner Churfürstlichen Durchlaucht von Bayern, welche nebst vielen andern Summen die erlauchten so hochseligen Aeltern und Vorältern Seiner Durchlaucht ihm schuldeten. Durch schlechte Zeiten und Kriegsjahre verlor dann gedachte Schuld ihre Haltbarkeit, und dieser Biedermann mußte zufolge dessen die übernommenen Belastungen fallen lassen, und ohne seine Schuld selbst fallen. Mein mehrerwähnter Vater und unser Onkel gab sich alle erdenkliche Mühe genanntes Kapital aufrecht zu erhalten und die Zinsen nach Möglichkeit zu vertheilen, so lange die Verbindlichkeit für das Kapital auf ihm lastete. Indessen konnten damals die Zinsen nicht auf sechs Prozent jährlich gebracht werden, und überdies war auch für das Kapital zu fürchten, da dieser üble Zustand über dreißig Jahre fortdauerte. Endlich schauete der Ewige, der die Herzen der Regenten lenkt, allgnädig vom himmlischen Wohnsitze herab, und erregte den Geist Seiner Durchlaucht, unseres frommen Herrn Churfürsten von Bayern, daß Höchstderselbe — dessen Herrlichkeit und Thron mögen ewig blühen! — den flehentlichen Bitten meines Vaters und unseres Onkels gnädiges Gehör lieh demselben alle Schulden, welche von den erlauchten Aeltern und Vorältern Seiner Durchlaucht herrührten, zu zahlen. Sodann erfüllte derselbe seine Verbindlichkeit mit aller Kraft und richtete dadurch Viele aus dem Staube empor, wie allgemein bekannt, daß ihm sein Guthaben bezahlt wurde, worunter auch das gedachte ewige Kapital von hundert und fünfzig Tausend Gulden begriffen ist, nämlich in neuen churfürstlichen Papieren, die Hälfte von 1764 prima Jänner an bis Mai 1779, zu vier Prozent Zinsen jährlich, und die andere Hälfte fängt prima Juli 1779 an und endigt März 1787 unverzinslich." Dieser Stiftungsvertrag ist von Mose, Sohn R. Henoch Berlin's und Elieser Leser, Sohn R. Seligman's als Zeugen unterschrieben.

Kann's, Isaak, der Sohn Seligman Cohen's, und David, der Sohn
Josel Wertheim's, in München, um nach zwei Monate langen Berathungen die Stiftung durch den Vertrag von Sonntag den
16. Schebat 5530 von Neuem aufzurichten. Zu ¡diesem Kapital
kam durch die Erben Wolf Wertheimers als Ersatz der von ihm
unbezahlt gebliebenen Zinsen noch die Summe von 44,000 Gulden
hinzu, indem sie 38,000 Gulden baar und ein Haus im Werthe von
6000 Gulden der Stiftung übergaben.[1]

Das ehrenvolle Andenken, das Wertheimer beim österreichischen
Kaiserhause bewahrt blieb, offenbart der allezeit bereitwillige und
kräftige Schutz, der seiner Stiftung geleistet wurde. Die Nieder-
schrift seiner darauf bezüglichen letztwilligen Verfügungen wurde beim
Hofmarschallamte niedergelegt; noch Kaiser Franz nahm sich der Neu-
aufrichtung dieser Stiftung an, die heute noch durch ihre Wohlthaten
nah und fern, bei Gemeinden und Einzelnen, die sie bedenkt, den
Namen des großen Stifters lebendig und gesegnet erhält.

Im Unglücks- und Trauermonat der jüdischen Geschichte, am
17. Ab, den 6. August 1724 schloß in dem Eckhause der Kärtner-
straße an der Bastei zu Wien[2] nach langem schweren Leiden Samson
Wertheimer, 66 Jahre alt, für immer seine Augen. Selbst seinem
Denkmale auf dem alten jüdischen Friedhofe in der Rossau zu Wien
hat die Zeit sich gnädig erwiesen. Blank und glänzend wie sein
Name hat der Marmor seines Grabmals sich erhalten, kein Buch-
stabe seiner Grabschrift ist erloschen, wie der Vollwerth seiner Persön-

---

[1] Dies geht aus dem Rechtsbescheide R. Jakob Katzenellenbogens, Oberrabbiners von Dettingen, von Sonntag 17. Ab 5540 (1780) hervor, der dem
Testamente Wolf Wertheimers vom 17. Elul 5522 im Besitze der Administration
der Wertheimber'schen Familienstiftungen nach der Übersetzung David Ottensossers
beigeschlossen ist.

[2] S. „Neuzeit" 4 S. 36. Ein Fragment aus einer Trauerrede über Wertheimer, die von ihm selber herrührende Auslegung der Stelle: כל תלמיד חכם שאין
שארית יעקב hat Jakob b. Joël aus Brisk in seinem בו דעה נבלה טובה הימנו
f. 30 b erhalten: שמעתי בב״ה בהספדא של פטירת הגאון הגדול המפורסם מהורר
שמשון מווין וכדי שידו׳ שפתותיו דובבות בקבר דרש משמו ג׳׳כ פי׳ המדרש הנ׳׳ל.

lichkeit durch die Zeiten geht. Das Bild eines Eimers[1]), das im Relief die Stirne seines Leichensteins zu seinen Häupten schmückt,

---

[1]) S. G. Stern bemerkt in seiner Copie der „Inschriften" Nr. 346 unter Nr. 38: — s. Nr. 462 — לפעמים נקרא גם בשם (יעקב) כאשר נראה לקמן. וזה חשם בא לו בלי ספק בעת חליו כנדוג להוסיף שם אחר מצורף לשמו אשר לו מיום המילה. וצורת תבנית דלי לחדיות על חדש שבט שעלר בו. Sollte David Oppenheim die Grabschrift Wertheimers verfaßt haben? Jedenfalls ist es sein Stil, in dem sie gehalten ist. Eine Pergamentabschrift der von Wertheimer's Söhnen im Trauerjahr gesprochenen Gebete ist mit David Oppenheim's Sammlung in die Bodlejana gelangt; s. Neubauer, „Catalogue" Nr. 1203. Dank der Freundschaft Adolf Neubauers kann ich die auch geschichtlich nutzbaren Stücke ihrem vollen Wortlaute nach hier folgen lassen.

אל החרים אשא בכי נדי וקינה · לחאי שופרא דבלי בארעא קא בכיגא · סטירית
אמ הרב הגדול המפורסם מר שמשון ווירטהיירם אבד מוויינא · שהלך לעולמו יום
א' ר"ז מנחם פדה למסיינא.

ש משון הגבור בגבורת של תורה יתהלל המתהלל ועל זאת כל חסיד יתפלל · אוי
כי מצפון תפתח הרעה בגמתי גנח וילולי יליל · חגרית למות נפשו ואת עצמים
יחלק שלל:

מ שמן בשרו ירוח כבשר מזבח שלמים יורם · רוח נכאה תיבש גרם · ואם
יפול עץ בדרום · מקום שיפול שם יעמוד לדין לפני יושב מרום:

ש מש בגבטון דום · תודד ובתי וחושך על פני תהום · שבת משוש לביט בזרע
וקציר וקור וחום · אוי כי פנה יום:

ו יקרא שמשון ויאמר חזקני נא אך הפעם · אזן מלין יבחן וחיך אוכל יטעם ·
ואקח לי שני מקלות חובלים ונועם · חבי כמעט רגע עד יעבור הזעם:

נ חשבו המאורות שנבראו מששת ימי בראשית · כי נגזר מהבוארי שלמות בל
השית [,] בֶּן חָצִית · יום בכי ומבוכה ואין בשורה מצאית · ביום ההוא יסר
תפארת העכסים והמחלצות:

ו יאמר שמשון אחודה נא חידה · מהאוכל יצא מאכל לרמה ותולעת בלי מדה ·
וממתוק יצא מר מר"ח הנאמר בשמשון וילפת שני עמודי התוך בעמידה · מי
החכם ויבן את זאת ויגידה:

ו ילמד שמשון שלש מאות שו"אלים בדבר הלכה · אשרי עין ראתה כל אלה
שמורה וערוכה · בזכות זה ינצל מדיני של גיהנם ומעמק חבכה · אולי חמת
מלך של עולם שככה:

ע ת לספור ולבכת הב"כי בחודש החמישי · בת עמי חגרי שק ובאפר התפלשי
כאין עינים וכטור מת קיר אגטשדי · אוי כי נפלה עטרת ראשי:

ר אש וראשון הי' לרוזנים רוזנים האזיט אמרתי · יום ליום יביע אזמר אזכרה
יום מותי · למה מבטן אזר יצאתי · ויבא רגז לא שלותי ולא שקטתי ולא נחתי:

Behälter erscheinen, aus dem Segen und Wohlthun strömte, ein Bild des Mannes, der selber ein Gefäß der göttlichen Gnade war.

להיות מטחתו בכבוד חמלה וחנינה · ותזכור את תורתו ומעשיו הטובים שחי׳
מקרב רחוקים וקריבים · ועשה מצות וצדקות בישראל פיזר נתן לאביונים · וחלק
כבוד לזקנים · והעמיד כמה בתי מדרשים · להחזיק לומדי תורה וראשי ישיבות
בן של קדושים · ללמוד וללמד עם בני עניים ולחדד בני ישיבה בהלכה · אשרי
לו ככה · וכמה מאות ואלפים נפשות אשר חי׳ ח ומפרנס בימי רעב והציל מחרב
ומשבר דכולהו איתנהו בי׳ · וכמה קהלות אשר השתדל עבורם לפני מלכים ושרים ·
להיות להם קיום לדור דורים · ואם ח״ו נמשל באריח חטא · כי אין צדיק בארץ
אשר יעשה טוב ולא יחטא · הלא יסורים מכפרים שחי׳ מדוכא ביסורים קשים
ומרים · ומיתה מטרקת · זכות תלמוד שלמדנו חיים יצילהו מדין של גיהנם ·
אב הרחמן רחם על נשמתו לחקל מעליו דינו · תכופר חטאו ויסיר עונו · שוגגו
וזדונו · בזכות צדקת פזורו · ומצותיו שעשה בגופו ובממונו · לב חכם לימינו ·
תאכיל תלמידי חכמים על שלחנו · טובד ח׳ בכוחו ואונו · במאהרי וחדט · לפני
בעל הרחמים ימצא חינו · ולא יגרע מצדיק עינו · ולא יהי׳ רחת חנינים ריט ·
ולא ישלוט רמה ותולעת בגופו ובשרו וחדרי בטנו · ולמוודיט יקובל לרצון לשוכן
במעונו · לבנות ביתו כבתחילה ולכונן מקדשו על מכונו · והראינו בבנינו · ושמחינו
בתקונו · אמן :

In einem Memorbuche der Merzbacheriana cod. 61 fand ich Wertheimers Seelengedächtniß in folgender Fassung:

יזכור אלהים נשמת הגאון המפורסם מהור״ר שמשון · שמריה נשיא בא״י
ואב״ד וריש מתיבתא במדינות אונגריין וחיצל כמה נפשות מישראל והספיק
מלמדים לבני עניים והספיק כמה ישיבות ועסק בג״ח כל ימיו והלביש ערומים
וביטל כמה כמה גזירות קשות ועסק בתורה לילות וימים בשכר זה.

ſoll, auf den Monat, in dem er geboren ward, anſpielend, das
Zeichen des Waſſermanns bedeuten. Uns will es heute wie ſein

ט וב יום המות מיום הולדו · גם כי ירבת שנים וימים ימי חלדו · ואם יבלח
חבשר בקברו ויתקיים שלדו · בעפר יתעולל קרוץ ושוקי יתמזר עלי גלדו :

ח ביטו וראו אם יש מכאוב כמכאובי · רכב ישראל ופרשיו אבי אבי · אוי
ואבוי ביום ובלילת על משכבי · אשרי המחכה ליום החוא יחי · ח׳ לעטרת צבי :

י רם א׳ לא טו׳ב למנחם · יצאת נשמתו בשנת פדת לציון תרחם · בן ששים
ושש שנת חי׳ לצאתו מרחם · חמול וחוס נא על חרבת תהום :

ר דיע כל חגוים בקול מר וצוחת · עזר נתן לאביונים וצדקת לעניים למשיבת
נפש ואנחת · צדקה תציל נפשו ורוחו מחיבוט חקבר ועומק שוחת · ומי ישע
ישאבון וחצרת משכחת :

מ מרום שלח אש בעצמותי · בכו עמי כי רבות אנחותי · מי ינחם אהלי ומי
מקים יריעותי · ואל שדי יאמר די לצרותי · אמן :

תחנה זו יאמרו בינו ערב ובקר אחד אחר תפלתם להעלות משמתו · וחי׳ מצער
ראשיתו וחמביט סוף דבר בקדמותו · יזכור לעולם ברייתו :

מדי שבת בשבתו · יזכירו נשמתו :

אל מלא רחמים רחם נא והמציא מנוחה · והסר כל תוגה צער יגון ואנחת ·
מנשמת מו׳ חרב הגדול המפורסם אבל׳ ור״מ מדורר שמשון בן מוהרר יוסף אשר
חי׳ לני לעינים כשמש זרחה · תקריבת נשמתו תערב לפניך כקרבן טלה ומנחת :

ש משמן חגבור בגבורת של תורה · להחזיק לומדים בבתי מדרשים וראשי ישיבות
גולת שזורה · ללמוד וללמד עם בני עניים מקרא ומשנת וגמרא · ולחדד בני ישיבת
בפלפול ובסברא :

מ רבה צדקה לעניים ופזוור נתן לאביונים · ליחידיים ורבים נערים וזקנים
בני איהוזים · חפותח שער לקבל תפלות ותחנונים · יעלה נשמתו בנשמת מלאי
מצות כרימונים :

ש חדלן ופרקליטא אשר חי׳ לפני מלכים ושרים · ומדוכא ביסורים קשים ומרים ·
חבוריא רוח ויוצר חדיים · יעלה נשמתו מעלה מעלה בעל כנפי נשריים :

י יקרא שמשון ויאמר זכריו וחזקני אך חפעם ליחידיים · לעשות צדקה וחסד לעם
חשרידיים · חגותן תורתו בקולות וברקים ולפרידים · יעלה נשמתו בקהל חסדיים :

נ צוה הארראלים את המצוקים · ואחזו את השרירון בין חדבקיקים · חשוכן
בשמי שחקים · יעלה נשמתו בין נשמת הצדייקים :

ז כר צ דיק ל ברכה בכל תפוצות ישראל · וכמה קחלות אשר עדת משבי
וחציל מחרב ומרעב בצדקתו כהררי אל · בזכותו נזכח לבנין אריאל · ובא לציון
גואל · אמן :

אחר חלמוד משמורת יאמרו תפלה זו בכוונה :

יהי רצון מלפניך שוכן מרום שחקים זמעלה נשמ(ות)[ות] הצדיקים שתרחם על
נפש רוח ונשמח של מו׳ מדורר שמשון בן מוהרר יוסף להעלתו בישיבה עליונה .

Behälter erscheinen, aus dem Segen und Wohlthun strömte, ein Bild
des Mannes, der selber ein Gefäß der göttlichen Gnade war.

לחיות מתחת בכבוד חמלת והמינה · ותזכור את תורתו ומעשיו חמובים שחי׳
מקרב רחוקים וקרובים · ועשה מצות וצדקות בישראל פיזר נתן לאביונים · וחלק
כבוד לזקנים · והעמיד כמה בתי מדרשים · להחזיק לומדי תורה וראשי ישיבות
בני של קדושים · ללמוד וללמד עם בני עניים ולהחדי בני ישיבה בהלכה · אשרי
לו כח · וכמה מאות ואלפים נפשות אשר חי׳ זן ומפרנס בימי רעב והצציל מחרב
ומשבי דכולהו איהו בר׳ · וכמה קהלות אשר השתדל עבורם לפני מלכים ושרים ·
לחיות להם קיום לדור דורים · ואם ח׳י׳ נכשל באיזה חטא · כי אין צדיק בארץ
אשר יעשה טוב ולא יחטא · הלא יסהרים מכפרים שחי׳ מזיכא בזסיריא קשים
ומרים · ומיתה ממרקת · זכות הלימוד שלמדנו הדום רציליו מדין של גיהנם ·
אב הרחמן רחם על נשמתו לחקל מעליו דינו · תכופר חטאו ויסיר טנו · שגגו
וזדונו · בזכות צדקת פזרונו · ומצותידי שעשה בגופו ובממונו · לב חכם לימדיס ·
תאכיל תלמידי חכמים על שולחנו · טבד ה׳ בכוחו ואונו · במאודו והונו · לפני
בעל הרחמים ימצא חינו · ולא יגרע מצדיקי עינו · ולא יהי׳ חמת תניזים היט ·
ולא ישלוט רמה ותולעה בגופו ובשרו וחדרי בטנו · ולמחדיט יקובל לרצון לשוכן
במעונו · לבנות ביתו כבתחילה ולכונן מקדשו על מכונו · ודראינו בבניו · ושמחנו
בתקונו · אמן :

In einem Memorbuche der Merzbacheriana cod. 61 fand ich Wertheimers
Seelengedächtniß in folgender Fassung:

יזכור אלהים נשמת הגאון המפורסם מרו״׳ר שמשון · שהיה נשיא בא״׳י
ואב״׳ד וריש מתיבתא במדינות אונגרין והדצל כמה נפשות מישראל והסטיק
מלמדים לבני עניים והסטיק כמה ישיבות ועסק בג״׳ח כל ימיו והלביש ערומים
וביטל כמה גזירות קשות ועסק בתורה לילות וימים בשכר זה.

Druck von W. Drugulin in Leipzig.

Lightning Source UK Ltd.
Milton Keynes UK
UKHW022353230621
386053UK00010B/178